新市民城市定居
实现路径研究

葛腾飞　著

中国财经出版传媒集团

经济科学出版社
Economic Science Press

图书在版编目（CIP）数据

新市民城市定居实现路径研究/葛腾飞著．－－北京：
经济科学出版社，2023.6
ISBN 978－7－5218－4827－4

Ⅰ.①新…　Ⅱ.①葛…　Ⅲ.①城市－居民－住宅－研
究－中国　Ⅳ.①F299.233

中国国家版本馆 CIP 数据核字（2023）第 101037 号

责任编辑：李晓杰
责任校对：易　超
责任印制：张佳裕

新市民城市定居实现路径研究

葛腾飞　著

经济科学出版社出版、发行　新华书店经销
社址：北京市海淀区阜成路甲 28 号　邮编：100142
教材分社电话：010－88191645　发行部电话：010－88191522
网址：www.esp.com.cn
电子邮箱：lxj8623160@163.com
天猫网店：经济科学出版社旗舰店
网址：http://jjkxcbs.tmall.com
北京密兴印刷有限公司印装
710×1000　16 开　14.25 印张　240000 字
2023 年 7 月第 1 版　2023 年 7 月第 1 次印刷
ISBN 978－7－5218－4827－4　定价：58.00 元
（图书出现印装问题，本社负责调换。电话：010－88191545）
（版权所有　侵权必究　打击盗版　举报热线：010－88191661
QQ：2242791300　营销中心电话：010－88191537
电子邮箱：dbts@esp.com.cn）

本书受到以下三个项目资助：

1. 安徽高校学科（专业）拔尖人才学术资助项目（项目批准号：gxbjZD2021022）；

2. 安徽高校优秀青年人才支持计划重点项目（项目批准号：gxyqZD2016405）；

3. 2020 年度安徽高校人文社科研究重点项目（SK2020A0651）。

前　　言

新市民主要是指因本人创业就业、子女上学、投靠子女等原因来到城镇常住，未获得当地户籍或获得当地户籍不满三年的各类群体，包括但不限于进城务工人员、新就业大中专毕业生等。新市民群体作为我国城市发展的重要力量，其能否在城市定居，真正实现"安居乐业"的问题值得深入研究。坚持"房住不炒"，建立实施房地产长效机制，扩大保障性住房供给，推进长租房市场建设，稳地价、稳房价、稳预期，因城施策促进房地产市场健康发展。住房问题作为城市定居的关键因素，关系民生福祉。解决新市民住房困难，对于我国新型城镇化有序推进、城市经济不断发展、社会和谐稳定具有重要的现实意义。弄清住房负担、住房选择以及新市民住房问题及其影响因素，正确认识和破解新市民住房难问题已成为目前学术界以及政府决策部门面临的一项重要任务。

流动人口①是新市民的重要来源，大规模人口流动是快速城镇化的重要推动力，也是中国特色城镇化道路的基本特征。流动人口在城市发展过程中发挥着重要作用，人口的流动与布局深刻影响着流入地和流出地的社会经济发展。流动人口居留意愿是指流动人口在流入地居住一段时间后，对将来是否长期生活在本地的考虑，是反映流动人口主观上是否愿意长期居住在流入城市的重要指标，一定程度上反映着一个城市的包容度和吸引力。然而，居留意愿只是流动人口长期居留一个城市的必要而非充分条件，是否能够负担城市居留的生活成本，同样是影响流动人口长期居留意愿和定居行为的关键因素。特别是在近年来大城市房价不断攀升的背景下，住房负担已然成为流动人口长期居留的重要制约因素。因此，探讨大城市住房负担与流动人口居留意愿的关系，对于掌

---

① 根据国家卫生和健康委员会定期开展的全国流动人口动态监测调查定义，流动人口是指在本地居住一个月及以上，非本区（县、市）户口的人口。

握流动人口迁移决策影响机制、预测未来人口流动趋向、推进以人为核心的新型城镇化等具有重要意义。研究流动人口住房选择意愿影响因素，有利于政府结合当地经济社会实际情况，充分考虑外来群体的住房需求，切实解决流动人口在城市住房难的问题，达到促进经济和社会健康平稳发展的目的。同时，本书还提出优先发展住房租赁市场、构建差异化住房供给体系、完善户籍制度和住房保障制度以及实现公共服务均等化等建议，对实现流动人口住有所居，推动流动人口尽快融入城市具有积极的现实意义。居留意愿被认为是影响流动人口居留决策的重要因素，而大城市不断增加的住房负担，日益成为制约流动人口居留意愿和行为的关键因素。在城市定居是流动人口市民化的重要阶段，甚至是"最后一公里"，是"毕其功于一役"。从形式上看，流动人口市民化就是让流动人口在城市定居，实现流动人口"城市化"。对新市民来说，是否有意愿以及能否真正定居城市受很多因素影响，甚至有些因素会起到决定性作用。关注并深入研究这些因素的影响机制和效应，对于更好地促进流动人口市民化具有重要意义。

住房问题已经成为城市流动人口在城市生活遇到的基本、严峻的问题之一，流动人口日益增长的住房需求与城市住房供给不平衡、不充分的矛盾是新时代流动人口住房突出且重要的问题，也成为学界研究的焦点。建立完善的住房有效供应体系与长效保障机制是解决流动人口住房问题的关键，是实现流动人口与城市本地居民共生共赢、共享改革开放发展新成果的具体体现。本书将从住房负担、租购选择与住房公积金政策等方面研究新市民城市定居影响因素，并从租购并举、多主体供给、多渠道保障等视角提出新市民城市定居的实现路径。当然，住有所居目标实现效果如何，住房制度如何进一步改革完善，长效机制如何更好地为房地产市场平稳健康发展保驾护航等，将是我们研究团队未来努力的方向。

2023 年 4 月

目
录
Contents

>   >   >   >   >   >

第一章

绪　　论

第一节　研究背景与意义

一、研究背景

中国正经历着有史以来规模最大、发展最为迅速的城镇化进程，新型城镇化的核心是人的城镇化，首要任务是推动以农民工为主体的流动人口市民化，而农民工市民化最关键的问题在于住房。1998 年以前，"包吃包住"的单位供给居住形式满足了农村流动人口的居住需求；1998 年以后，随着住房市场化改革的推进，农村流动人口的居住问题开始暴露出来，并开始逐渐演变为社会关注的重大民生问题。2021 年全国农民工总量为 29251 万人，比上年增加 691 万人，增长 2.4%。其中，外出农民工为 17172 万人，比上年增加 213 万人，增长 1.3%；本地农民工为 12079 万人，比上年增加 478 万人，增长 4.1%。年末在城镇居住的进城农民工为 13309 万人，比上年增加 208 万人，增长 1.6%[1]。而 2021 年我国常住人口城镇化率为 64.72%，户籍人口城镇化率仅为 46.7%，两者相差了 18 个百分点[2]。由于制度、经济、文化和社会等多方面存在的主客观城乡分离，农民工市民化进程较难，大部分农民工群体无法真

---

[1] 国家统计局网站发布的《2021 年农民工动态监测报告》，http：//www. stats. gov. cn/sj/zxfb/202302/t20230203_1901452. html。

[2] 2022 年 7 月 12 日国家发展和改革委印发的《"十四五"新型城镇化实施方案》。

正融入城市。国家发展和改革委员会印发的《2020 年新型城镇化建设和城乡融合发展重点任务》指出："以解决新市民住房问题为主要出发点，完善住房保障体系。"并再次把"提高质量为导向的新型城镇化战略，提高农业转移人口市民化质量"的任务放在突出位置。住房问题关系民生福祉。只有"安居"才能实现"乐业"，新市民城市居住问题以及由此带来的城市定居、城市落户和市民化问题依然严峻。目前国内大部分城市都将拥有合法稳定的住所作为新市民落户的重要指标之一，这一政策制度表明，无论是租赁住房还是购买住房的形式，为新市民提供稳定的居住环境都能够促进其市民化进程。

二、研究意义

当前关于新市民住房问题的研究主要集中在住房来源、居住环境、住房满意度和住房意愿等住房状况方面，而关于流动人口市民化进程中包括新市民住房负担、住房选择状况及其影响因素以及新市民内部不同群体各影响因素是否具有差异性等的研究较为有限。居住问题是一把"双刃剑"，其在新市民城市融入过程中发挥了重要作用，也可能是最大壁垒。本书通过研究流动人口市民化过程中的住房现状、住房负担，具体哪些因素对住房租购选择产生了影响、影响机制是什么、具体影响方向和程度如何，提出解决新市民城市定居问题的措施建议，为未来新市民住房制度政策的改革和完善以及住房问题研究提供理论帮助。目前，虽然新市民群体收入水平有了明显提高，但制度排斥、基本权利得不到保障等问题，使新市民住房条件没有得到明显改善。本书通过对新市民住房负担、住房租购选择、住房消费、住房公积金及其城市定居进行理论和实证分析，得出我国新市民住房负担现状，其时空特征差异，对新市民住房选择产生影响的因素及影响差异，这对于培养和发展我国住房市场，满足新市民住房需求，改善其住房条件，引导新市民融入流入地城市，在城市安居乐业并真正转移为城市人口，具有重要现实意义和实践价值。

第二节　国内外文献综述

和我国拥有大量新市民的情况不同，西方国家的人口流动和城镇化进程是在同一阶段进行的，不存在大批农村人口进城务工的现象。因此，国外在新市民住房方面没有专门研究，只有"移民"等与之相近的概念。国外针对移民及其住房问题的研究已经较为完善，而且许多学者指出，我国目前存在的人口向城市流动现象与西方国家的移民现象十分相似。因此，国外专家学者的研究成果对于我国新市民住房问题的探索具有重要参考价值。

一、新市民住房状况的相关研究

国外对移民群体住房状况的研究起步较早、范围广、研究较为深入，主要包括"贫民窟"问题和城市边缘带理论等。根据苏珊（Susan，2001）的定义，"贫民窟"被称为穷人住宅的聚集地，具有混居和拥挤的特点。"贫民窟"最初是为涌入城市的外来人口提供住所，但随着社会歧视和暴力事件的时有发生，这些地区成为多样化种族混合的灰色地带。虽然大部分居住在此地的居民收入水平和技术水平较低，但他们并没有都被纳入救济和保障范畴，也并未完全与主流社会隔离。而伯杰斯（Burgess，2007）通过对西方国家"贫民窟"问题的分析，认为农村群体刚进入城市，由于知识和相关劳动技术的缺乏，很难在短时间获取稳定的收入来源，在城市站稳脚跟，加上城市普遍存在的社会歧视等，这部分人口居住困难，只能前往"贫民窟"暂时获得庇护。哈波特（Harbert，1936）通过实地调查提出了与"贫民窟"类似的城市边缘区这一概念，他认为随着城市的发展，郊区外围的土地逐渐被吞噬，成为市区的一部分，并且逐渐涌入大量外来人口。此后，有关城市边缘区的理论不断深化，在哈波特的基础上提出了"乡村—城市边缘带"，除上述区域外，他还将整个城乡过渡区包括在内。20 世纪 80 年代，坎特和维特雷通过调查发现，由于乡村—城市边缘区位于城乡接合地区，这里的土地利用具有综合性，以往的研究已经不能适应区域功能的变化，对此应全方位、多角度研究城乡边缘区域。在东南亚一些地方出现了城市边缘区，该地区呈走廊状分布于城市中心区域间，各种社会活动高度融合，很多迁移人口和本地市民居住在一起。这些地区的社会融合对我国新市民的城市定居和融入城市生活提供了重要参考。

国内对新市民住房状况的研究时间较短，主要集中于住房模式、社区环境、区位条件和房屋内部条件等。曹亚暖（2016）调查了济南市农民工住房状况，结果显示：新生代农民工住房方式以租房为主，且聚集于城郊或城中村一些廉价房屋内，居住面积狭小，房屋配套设施落后，生活满意度低，长期居住不利于新生代农民工的身心健康。吴霜（2015）通过对杭州市进行实地走访调研，发现新生代农民工主要集中于城中村和集体宿舍，大多数农民工仍然被排除在城市住房保障体系之外，大部分人对居住状况并不满意，且生活单调、心理空虚。刘杰（2016）在对上海市农民工居住状况进行调查后发现，除存在以上问题外，还存在住房租金较高、住房负担过重的问题，居住现状与预期差距较大。张倩（2017）从住房支付能力角度对山西省新生代农民工进行了调查研究，发现近几年农民工居住条件有了较大改善，逐步从城乡边缘地带和城中村等地区转移到了城市新建小区，但仍有部分群体存在支付能力不足的问题。2019 年国家统计局《农民工调查监测报告》也指出了我国进城农民工的居住情况，结论包括：农民工住房仍以雇主或就业单位宿舍、住房市场租赁住房、老家居住和工地工棚为主要居住地；部分农民工群体住房需要自己解决，住房负担重等。

新市民基本住房问题的文献主要从以下两个方面进行研究，一是住房市场存在问题的研究，目前我国住房市场总量失衡和结构失衡并存，最主要表现是城镇住房总量处于供不应求状态，高档住房供给相对充足，但低档住房特别是保障性住房供给严重不足，大量新市民基本住房需求得不到满足（郑玉歆，2014；卓尚进，2015）；二是保障性住房供给存在问题的研究，目前我国公共保障性住房结构存在严重问题，住房保障覆盖面过于宽泛，同时廉租房覆盖范围狭窄，经济适用房在确定目标群体过程中存在不合理现象，供给结构上存在"重售轻租"特点，以售为主局面仍然没有打破，住房保障供给机制存在相互割裂现象，"低收入"群体住房需求遭到忽略（李景鹏，2007；苟兴朝、罗富民，2013）。新市民基本住房问题原因的文献主要从以下四个方面进行研究，一是房产税和房价对住房供给影响的研究，在高房价、高需求和高供给背景下，房产税的实施会对住房供给结构和房价产生重要影响（于静静、周京奎，2016）；二是财税制度对住房供给影响的研究，公共支出制度对住房产品干预存在严重弊端，主要表现为对住房产品生产和供给干预不科学（葛慧珍，2016）；三是户籍制度等对住房供给影响的研究，造成新市民住房供给存在问题的原因主要包括户籍制度、农村宅基地束缚、商品房市场高昂房价和低端房地产供给不足等（孙斌艺，2017）；四是政府选择偏好对住房供给影响的研究，政府偏向城镇户籍人口，对新市民基本住房供给积极性不高（熊凤水，2015）。

二、新市民住房选择影响因素的相关研究

西蒙（Simmon，1968）认为经济社会发展水平的提高、城市化进程的推进等因素会使流动人口的居住环境发生改变，使其产生多样化的居住选择。克拉克和琼斯（Clark & Jones，1988）研究表明：流动人口的性别、年龄、受教育程度、家庭和宗教信仰等因素会影响其住房选择方式。杰夫和罗森等（Dwight M. Jaffe & Kenneth T. Rosen et al.，1979）则认为城市房价、各项税收、金融利率以及后期的维护修理等费用对住房的租购选择具有较大影响。古特曼和哈蒙等（Goodman & Harmon et al.，2004）认为交易成本才是消费者住房选择的重要影响因素。交易成本主要包括显性成本和隐性成本。显性成本主要包括金融贷款、税收、迁移成本以及服务费用等能够直接用货币衡量的成本。隐性成本则是比较抽象的、无法用货币衡量的、心理方面的成本，例如迁移花费的时间、情感上的不适应和人际交往等。曼苏（Mansour，2002）等利用住房市场的一般均衡模型探究了收入、住房成本以及政府出台的政策对于增加流动人口的稳定性、减少人口流动、改善住房条件有重要影响，因此，可以通过健全住房制度，提高流动人口的住房水平，降低居住成本等方式加以改善。拉帕波特（Rappaport，2004）认为人口流动主要受家庭收入和城市房价的推拉效果影响，因此，对流入地城市的住房供给价格的控制很有必要。

国内专家学者主要从住房保障等制度政策、经济状况、家庭情况和心理意愿特征等方面来研究农民工住房选择影响因素。第一，在制度环境方面，城市对农民工歧视性的制度环境是影响农民工住房选择的重要因素。周建华等（2014）研究显示，目前我国关于住房保障方面的法律规范仍不完善，而相关住房制度、政策把大多数农民工排除在保障范围之外，这使得农民工的住房及其他基本公共服务权利得不到保障。林晨蕾、郑庆昌（2015）对东部沿海省份的农民工调查同样发现，由于住房保障不到位、保障性住房供给和建设不足、基础设施不全等问题，农民工住房保障问题难以解决。龙翠红等（2016）通过调查还发现大多数新生代农民工被养老、医疗、失业和住房等社会保障制度排斥在外，与城市居民相比，新生代农民工出于对未来不确定性的考虑，更倾向于选择储蓄而不愿过多消费，所以这部分人群的消费水平和消费能力还有很大提升空间。第二，在个人、家庭特征方面，熊欢（2017）在调查银川市农民工居住状况时发现：家庭随迁状况、婚姻状况、职业、文化程度和务工年

限等因素对农民工住房状况具有显著正向影响，经济因素对其住房状况影响并不显著，收入高的农民工群体不一定选择较好的居住环境。第三，在社会经济方面，秦家慧（2020）主要以青年流动人口购房意愿为主要研究方向，研究发现：除上述因素外，社会融合特征对青年流动人口购房选择同样有重要影响，即流入地的融入感和归属感对是否选择在流入地购买住房发挥了很大作用；另外，不同地区资源禀赋对其住房选择也产生影响，经济越发达的地区，青年流动人口购房压力也越大，购房可能性也就越低。韩雪（2020）在上述影响因素外还加入了稳定性特征和城市特征因素，研究发现流动时间、流动范围、家庭化的流动以及流入地城市等级，对流动人口购买住房具有显著正向影响，老家宅基地情况和流动范围则具有显著负向影响。

三、住房与流动人口市民化的相关研究

住房状况与流动人口市民化是相互影响、相互促进的，二者密不可分。在国外，农村人口由于经济和社会等方面处于弱势地位，流入城市时容易遭到城市居民的社会排斥，导致这部分群体被社会所隔离，从而出现居住的集聚和分化。而西方国家由来已久的"贫民窟"问题就是其突出表现，基于这种现象，彼特（Peter，1998）提出"住房不会制造社会排斥，只是社会排斥的一种体现"。为了促进社会融合，消除社会歧视和隔阂，改善贫困人口的生存状况，西方国家进行了很多努力，取得了丰富成果。例如美国对贫困人口的社会和住房救济，新加坡向其低收入家庭提供的公共组屋以及德国的住房资金补贴福利。这些措施使得城市贫困家庭和流动人口住房条件得以改善。但是，这些制度政策能否提高流动人口的城市融入程度，消除社会对该群体的排斥，长期以来都没有一个明确的结论。杰布斯（Jacobs，2005）对此提出了反对意见，他认为美国的住房保障措施只是"一厢情愿"，这些措施并没有消灭"贫民窟"，只是将"贫民窟"分散在了城市各个角落和郊区乡村等地带。克拉格和罗宾等（Klug & Rubin et al.，2013）主要研究了南非针对低收入人群的住房措施，发现南非贫富差距普遍较大，流动人口和贫困人口的生活极为艰难，加上住房保障制度很不完善，其保障政策的实施效果并不理想。莫莎（Mosha，2013）则通过对发展中国家城市化进程的调查研究，认为发展中国家城市化发展速度较快，而与城市发展相关的住房政策进展却明显滞后，导致城市住房问题突出，流动人口住房条件恶劣。同时，还有一部分专家学者表示，国家出台的各

项关于城市移民和贫困人口的住房政策和保障性住房建设，对于这部分人群住房条件的改善，进而更深层次地融入城市起到了重要作用。但是我们不能忽视的是，这些政策导致了城市周边区域房价下跌，中产阶层人口大量撤离，暴力、犯罪事件大量发生等问题。而这些问题又反过来引发了新的贫困聚集。有不少研究从实证方面证实了这一观点：曼西和卡尼奥帕恩（Massey & Kanaiaupun，1993）通过对西方国家城市实地调查发现：西方国家的公共住房项目，客观上引发了城市贫困人口空间聚集效应，社会隔离并未被消除。随着近年来研究的逐渐深入以及政府政策的不断调整，越来越多的研究者对此持反对观点，艾伦和霍恩等（Ellen & Horn et al.，2016）通过实证研究发现，美国的公共住房项目减少了贫困聚集效应，推动了贫困人口住房质量和城市融入程度的提高。例如美国著名的 MTO（Moving to Opportunity）住房项目，许多学者针对此措施展开了大量研究，研究结果显示：这一项目在短期内能够改善社会治安，减少暴力和犯罪事件的发生，稳定贫困群体就业，提高收入水平；长期来看，该项目加强了流动人口与城市其他群体的交流互动，推动了不同群体的社会融合。

国内学者对住房与市民化的交互影响研究成果同样丰富，赵宁（2016）指出，延缓的市民化进程，滞后的社会融合过程，加上关于新生代农民工住房保障的政策缺失，导致农民工群体社会隔离严重，居住环境恶劣。祝仲坤和王子成等（2020）通过实证研究分析得出，住房形式对新生代农民工市民化具有重要影响，相比于租房，保障房和自购房的群体市民化程度和意愿更高，不同之处在于，他们认为住房对新生代农民工市民化的影响存在一定代际差异，完善的住房保障制度可以对流动人口的经济和心理等多方面产生影响，从而使流动人口对流入地城市具有更强的归属感，更愿意融入城市。郑思齐等（2011）通过构建理论分析框架发现，政府和社会改善"城中村"的住房政策，使农民工居住环境和居住条件得到了改善，促进了其与本地居民的沟通和交流，从而有利于推进农民工的社会融合。刘斌（2020）通过对现有研究成果和住房政策的梳理和分析发现，有不少研究指出改革开放以来，尤其是住房市场化改革以来，中国住房政策制度出现了与西方住房制度历史发展同样的问题：以保障和改善农民工和城市困难家庭住房困境为目标的住房保障制度政策，由于住房制度设计的不足、保障性住房选址过于集中和住房市场监管不严等问题，反而恶化了新生代农民工城市居住条件和环境，导致其社会歧视和社会隔离，使农民工群体市民化进程受阻。

四、解决新市民住房问题的研究

随着西方国家城镇化进程推进，人口在大范围流动过程中也出现了很多问题，比如环境恶化、公民合法权益得不到保障等问题（Karaaslan，Abar，2014）。目前国际上通行的做法是，以市场配置资源为主，政府提供补贴和优惠政策来解决贫困人口的住房问题。国外政府为实现中低收入家庭基本住房需求，提供了大量政策和货币支持。如日本对公有住房的供给主要通过地方政府、公共团体、中央政府资助共同组建；新加坡政府形成了完整的住房保障体系，通过政府引导、建屋发展局建设，向低收入人群提供了满足其需求的公租房（Adela Adam Nevitt，1977）。随着研究的不断深入，国外学者转向研究移民安置。第二次世界大战后，世界上普遍认为政府可以通过兴建"永久的出租房"来解决低收入流动人口的住房问题（Loo，2003；Kim & Jeon，2012）。

以美国为代表，在经过无数专家学者的研究和探讨后，美国形成了其独特而完善的住房制度。从20世纪30年代开始，一方面，美国政府先后出台多项与公共住房有关的法律，从公共住房的建设规模、产权归属、管理机构、支付方式等多个方面为公共住房发展提供了保障。另一方面，美国住房保障政策侧重于通过市场进行资源配置，政府为低收入者和家庭困难人群提供低租金公共住房、住房补贴和低息住房贷款，改变了以往实物配租而引发低收入家庭过度集聚，长期被排斥在社会就业之外的方式，使低收入者能更加灵活地选择居住形式和居住条件。

德国的住房保障制度的优越性主要体现在三个方面：第一，建立住房储蓄制度，对参与住房储蓄的群体给予奖励和补贴，以吸收居民存款来筹集保障性住房建设资金。第二，有效利用民间建设资金。德国的保障性住房，一方面，由政府财政提供资金建设公租房等保障性住房；另一方面，通过低息甚至无息贷款的方式，为建设保障性住房的民间机构提供资金，引导民间资本投入低收入家庭住宅建设中。第三，对保障性住房的供应环节和消费环节进行补贴。德国的保障性住房金融不仅重视对供给环节的补贴和贷款优惠，在消费环节，对购房者也有一定的补贴和奖励，并且对于不同住房状况和收入水平的消费者，给予差别化的补贴。

新加坡则是由政府承担住房保障的责任。20世纪60年代，新加坡政府就制定了"居者有其屋"的住房保障目标和"公共组屋""公积金"住房保障政策，并建立了建屋发展局，由政府直接提供资金，开发廉租住房，以较低的价格提供给中低收入家庭。但由于建造的房屋不含土地成本和各种配套费用，建屋发展局的亏损严重。

回顾国内，我国学者从不同角度为农民工和流动人口的住房问题提供解决对策。在制度方面，一是发挥政府对市场规范作用，改善新市民居住环境。通过多主体分担、多形式供给和渐进式改革，解决土地流转制度存在的问题，完善住房公积金制度，对保障性住房实行严格退出和轮候机制。要协调好中央、地方政府和企业关系，形成多主体供给局面。一方面要加大保障房建设力度，另一方面要对存量住房进行改革，减少空置率，同时还要做好货币化补贴和城中村改造等（丁萧，2014）。二是进行住房制度改革，坚持政府供给和市场相结合。鼓励市场供给主体多元化，使各类供给主体在符合法律规定情况下，打破单一供房局面（严荣，2016；王先柱，2017）。三是优化住房供给结构，扩大廉租房覆盖面，改变经济适用房"只售不租"局面。优化住房保障供给结构，加强公共租赁住房主体地位，减少经济适用房比例，建立"主辅"结合的供给结构（苟兴朝、罗富民，2013）。张彤（2019）提出解决农民工住房问题，一方面，要逐步打破城乡二元体制的限制，在政府能力范围内，将广大农民工群体纳入城市住房保障制度之中，保障其基本的居住权利；另一方面，要构建以经济适用房、公共租赁住房、住房公积金制度为主体的多层次农民工住房保障体系。针对不同收入群体，提供不同的住房保障，对于收入较高的群体，可以提供经济适用房、限价房等购买性保障房，而对于低收入和家庭困难群体，可以为其提供公租房或租金补贴。在资金方面，杜巍等（2019）提出，第一，由政府提供资金兴建保障性住房，直接提供给符合条件的、有需要的人群或为其提供租房补贴、低息住房贷款等。第二，可以逐步将在城市工作五年以上、有稳定工作的农民工群体，纳入住房公积金制度，并放宽购房限制和公积金使用门槛，允许符合条件的农民工购买住房，并利用公积金缴纳租金和在异地购房办理贷款。在住房供给方面，陈宝华（2018）认为解决农民工住房供给问题，需要政策、社会和企业多方共同发力。首先，可以由政策或者企业对集体土地、城市闲置土地进行开发和利用，政府在土地、金融和税收优惠方面给予建设保障性住房的私人开发商一定补偿，吸引私人资本投入住房保障领域，兴建保障性住房，提高低收入家庭住房质量。其次，还可以积极发动有闲置住房的城市居民和企业，为提供低于市场租金住房的房主给予税收优惠或补贴，盘活城市闲置住房，多方位扩大租赁住房的有效供给。

五、文献评述

国外虽然没有户籍制度等方面的限制，但是其有关流动人口的住房政策措施以及政策的演变历程，对我国依然具有借鉴意义。与此同时，由于我国城镇化的快速推进以及由此带来的农村流动人口住房问题成为国内专家学者研究的热点，取得了一定的研究成果。首先，国内外的学者们从不同视角对流动人口住房状况进行了较为细致的论证和分析，内容涉及住房现状、影响因素、政策措施等方面，为我国住房制度政策的完善、更好帮助农民工等弱势群体提高住房质量提供了理论支撑。其次，学者们运用不同方法和模型来分析其住房状况及其影响因素，这些分析模型和方法可以为以后的研究提供重要参考。

国内学术界对农民工住房问题相关的理论和实证研究仍略显单薄。首先，在技术层面上，现有研究还停留在常规比较、浅层问题原因分析等层面上，仅限于对一些微观资料的堆砌，缺乏对内在运行机理的深层次探索和挖掘。其次，在研究视角上，目前关于农民工住房问题的研究主要集中于政府责任视角，农民工住房问题的解决依赖政府的政策设计、财政资金和实物住房的支撑，并没有明确企业和农民工自身的主体责任，而农民工住房问题较为复杂，不但有经济和制度方面的不足，还有社会、心理层面的缺陷，仅靠政府解决，不仅主体过于单一，而且在能力方面也捉襟见肘。最后，在研究方法上，目前对农民工这个单一主体的住房状况进行分析，缺乏相应的横向和纵向比较研究，农民工作为我国特殊制度背景下的产物，与其他社会群体相比具有哪些特殊性，自身状况和住房需求变化发展脉络是怎样的，这方面的分析和探究尚有不足。这将直接影响到对农民工住房问题研究的差异化和深入性。

第三节　研究内容和方法

一、研究内容

本书以新市民为研究对象。一共分为八个部分，全书框架结构如下：

第一章绪论。主要介绍了本书的研究背景、理论和意义，从新市民住房状况、住房选择影响因素、住房与流动人口市民化以及解决新市民住房问题等方面，梳理国内外研究文献并进行综述，进一步说明本书的研究内容、研究框架和研究方法，并从研究视角、方法和内容等方面对本书的创新点进行总结。

第二章住房负担及其时空演变特征。通过对不同住房负担测度方法的比较分析，选取更适合研究时空演变特征的传统比率式法，对 2010~2019 年我国 35 个大中城市的住房负担能力进行实证分析，既丰富了相关的理论研究，又为进一步实践探索改善居民住房负担能力提供了理论依据。

第三章住房负担与流动人口城市定居。首先，研究了住房负担对城镇家庭居民消费的影响。其次，基于全面二孩的政策背景，研究了住房负担对流动人口初育和再育意愿的影响。最后，研究住房负担对流动人口定居意愿的影响及其异质性表现规律，据此提出推动流动人口城市安居乐业的具体建议。

第四章住房租购选择及其影响因素。在理论研究基础上，结合我国住房市场现实情况，构建我国城镇居民住房租购选择行为理论模型，实证研究居民住房租购选择意愿及其影响因素，并分析其内外部异质性，提出针对性的住房政策建议，以改善流动人口居住不稳定、不安全等问题，助力实现流动人口市民化。

第五章住房消费与农民工城市融入。首先，基于 2017 年中国综合社会调查数据，研究住房消费对城镇居民阶层认同所产生的影响，提出政府可以通过增加居民收入、改善居民住房环境等政策建议。其次，在城镇化进程不断加快的背景下，进一步研究住房消费对农民工城市融入的影响规律，提出提高农民工城市归属感，促进农民工定居城市意愿，推动以人为核心的城镇化的政策建议。

第六章流动人口城市定居及其影响因素。首先，基于全国流动人口动态监测调查数据，构建二元 Logit 回归模型，研究流动人口流入地购房意愿及其影响因素。其次，重点分析了城市规模、社会保障等因素对流动人口流入地购房意愿的异质性影响，提出了因城施策、因群体而异、差别化解决流动人口住房问题的建议。再次，从个性特征、就业及经济因素、社会因素等方面构建以定居意愿作为因变量的回归模型，考察流动人口城市定居意愿及其影响因素。最后，提出加强制度监督，促进社会公平；加强职业教育培训，提高就业竞争力；健全城市生活保障体系，提高城市吸引力等对策建议。

第七章住房公积金与新市民城市定居。首先，比较分析国内外住房保障政策，结合我国实际，构建住房贡献度模型和住房支付能力指数模型。其次，以长三角地区为例，研究住房公积金对住房消费的影响，提出以住房公积金促进住房消费发展的具体建议。最后，以安徽为例，分析了新市民群体特征、住房状况、住房需求，尤其是住房公积金情况，从住房公积金角度提出助力实现新市民住有所居的政策建议。

第八章结论与展望。首先，对住房负担、租购选择以及新市民城市定居进行总结，其次，提出新市民城市定居实现路径。最后，总结本书研究的不足与展望。

二、研究框架

本书的研究总体框架如图 1 - 1 所示。

三、研究方法

（一）文献研究法

通过大量阅读与流动人口、农民工等新市民住房相关的学术论文、研究报告、权威著作以及相关制度政策和法律等资料，对新市民住房相关理论知识有更深一层了解，在此基础上，对国内外的研究进行归纳、整理，分析现有研究重点及薄弱之处，并以此提炼出本书的创新点和研究视角。

（二）比较研究法

通过比较分析国内外外来人口住房相关理论和实证研究，总结经验教训，取长补短，结合我国城市发展实际，归纳住房负担时空演变特征，找出住房状况及其影响因素。通过新市民群体内部异质性研究，对比得出不同城市、不同新市民群体中各因素对住房选择、住房消费、城市定居影响的差异。最后有针对性地提出解决其住房困境的对策建议。

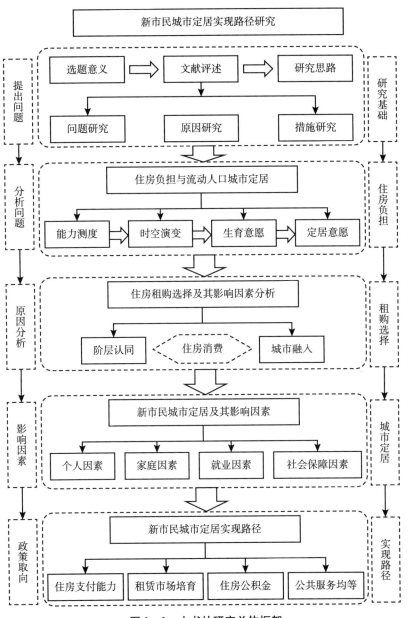

图1-1 本书的研究总体框架

（三）定性和定量相结合的方法

系统梳理总结住房负担、租购选择以及城市定居等问题的理论机制，进行定性分析，并通过综合运用时间序列模型、面板数据模型、Logit 回归模型等多种计量分析方法，对不同特征群体新市民的住房问题及其制约因素进行定量分析，做到定性分析与定量分析相结合。

第四节　创新之处

一、研究视角创新

与现有文献大多只研究流动人口或农民工群体的住房问题不同，本书将新市民城市定居作为研究目标，研究对象既包括农民工，又包括流入城市的大学毕业生等。这一研究视角的创新符合我国城市化发展实际，切实解决新市民城市定居问题是当前城市高质量发展面临的重点和难点。

二、研究方法创新

一是文献研究法、市场调查和计量分析法相结合，充分利用一手资料针对性强、时效性高的优势，增强研究结果的代表性和说服力。二是实证和规范分析相结合，在理论分析新市民住房负担、住房租购选择影响因素基础上，建立计量模型加以实证检验，据此有针对性地提出实现住有所居目标的政策建议。

三、研究内容创新

与以往研究聚焦流动人口或农民工住房的某个具体问题不同，本书以实现新市民城市定居目标为出发点，通过"住房负担—租购选择—住房公积金制度—城市定居实现路径"思路来开展系统研究，以供给侧结构性改革为落脚点，提出分层次、差异化、全覆盖解决新市民城市定居问题的政策建议。

第二章

住房负担及其时空演变特征

　　住房是每个人生存与发展的基本需要。一般来说，良好的居民住房水平能够带来积极的经济和社会效应。所以，城市居民的住房问题历来为个人、社会和国家所重点关注。从 20 世纪 80 年代开始，许多西方发达国家经历了房地产市场繁荣和住房价格膨胀阶段。这一阶段直接导致了大部分没有充足预算和收入来源的家庭，无法购买或租到合适的住房。因此，城市居民住房负担能力问题至今都是政府和学者研究的热门话题。进入 21 世纪，中国像这些发达国家一样，房地产飞速发展，城市住房价格持续上涨。从 2020 年至今，房价在短期内迎来滞涨，多城房价全面下跌。但对于中低收入家庭而言，房价依旧高不可攀。除此之外，城市住房负担还会进一步影响国家或地区的就业情况、经济发展和社会稳定。国家和学者需要通过适当的测度方法，持续保持对城市住房负担能力的研究和实践，进一步了解一个国家或地区的住房经济，从而制定出科学合理的住房保障措施。目前，我国对住房负担能力的整体研究系统还不健全。本章归纳概述相关理论和实证分析，有利于理清其发展脉络和趋势，掌握相关概述和不同的测度方法与衡量指标，为下一步的研究奠定理论基础。

　　随着市场经济的发展和城市化进程的加快，我国房地产市场出现虚假繁荣和"过热"现象。政府可以根据住房负担能力的时空演变特征出台相关政策，对房地产业进行必要的调控，并制定出更为合理的住房保障措施。研究住房负担能力的时空演变特征，有利于房地产企业和居民之间的双向了解。房地产作为国民经济发展中的重要支柱性产业，对国民经济和社会发展都有着极大的促进作用。研究社会整体的住房负担能力水平和变动趋势，既有利于房地产企业根据其具体情况，制定扩大或缩小相关投资的决策，又有利于居民掌握最新住房资讯，作出合理、科学的购房选择。本章通过对不同测度方法的比较分析，采取更适合研究时空演变特征的传统比率式法，对 2010～2019 年我国 35 个大中城市的住房负担能力进行实证分析，研究住房负担能力的时空演变特征，帮助政府出台有针对性的住房政策，为其提供相关决策依据。

第一节　住房负担能力测度的研究基础

一、住房负担能力测度研究

关于住房负担能力的定义与衡量，国外最早可以追溯到 20 世纪的家庭预算研究。斯通（Stone，1994）提出了"住房贫困法"，即如果一个家庭的实际住房成本超过了其可负担的住房费用，该住户就属于贫困人口。瀚斯基（Hulchanski，1995）指出，如果一个家庭用高于某一比例的收入获得合适的住房，那么该家庭存在住房负担能力。娜德和塔缇娜（Nadezhda & Tatiana，2021）指出，俄罗斯通过降低利率来扩大住房支付能力的政策手段已基本取得成效，进一步提高住房支付能力可以通过增加经济适用房的存量和保障性住房的使用权来实现。斯蒂芬森和锡伯讷（Stephen & Sebnem，2022）认为，住房支付能力测度是规划文献中一个经常性的课题，测量住房支付能力的准确性高度依赖于所采用的度量方法。因此，针对具体情境应用合适的方法，会带来更好的规划结果。

目前，我国关于住房负担能力的研究主要集中在租房负担能力和购房负担能力两个方面。杨文武（2003）在房价收入比的研究中，对其概念、特征和现状作出了较为全面的介绍，并就房价收入比过高或过低会产生的负面影响进行了详细的论述。廖长峰（2008）指出，住房负担能力通过住房费用与家庭所得收入之比来衡量，而住房费用可以划分为自有住房费用和租赁住房费用。周毕文、韩苏（2008）以房租支出或购买支出的比率来衡量租房或购房负担能力，若支出比率较低，则负担能力较强；若支出比率较高，则负担能力较弱。向萧一、龙奋杰（2008）根据美国 NAR 发布的公式，对我国 34 个大中城市的住房支付能力指数进行了测算，得出北京和上海是住房负担能力最弱的城市。况伟大、赵大旋（2020）基于马斯洛需求层次理论构建住房可支付理论模型，确定住房可支付理论边界值，将收入指标和居住贫困指标结合起来，克服现有收入指标和居住贫困指标缺陷。朱啸艳（2020）介绍了住房负担能力的不同测度方法，并以此为基础，对 2002～2017 年我国 35 个大中城市进行了实证分析，得出我国城市住房负担能力具有区域性的特征。

二、住房负担能力影响因素研究

首先，关于收入对住房负担能力的影响研究。林内曼内德等（Linnemanand et al.，1997）将住房负担能力问题归结于收入问题，并强调全球经济结构的调整对中低收入阶层的收入水平有着重要影响。阿讷克（Anacker，2016）利用描述性统计和多项式 Logit 模型，分析 2007～2009 年美国住房调查（AHS）数据集，发现居民家庭收入增加但住房成本负担加重，或家庭收入减少但住房成本负担减轻。其次，关于金融对住房负担能力的影响研究。科斯昆等（Coskun et al.，2020）利用金融发展指数和房价与收入比率测算 24 个经合组织经济体 2000～2016 年的面板数据，结果表明，住房财富通常对消费有较大的积极影响，住房和金融财富对消费的影响增加取决于较高的金融发展和不断下降的住房负担能力。奥鲁库（Oluku，2021）在美国 2010～2016 年 383 个大都市统计区和 3137 个县的人口普查数据的基础上，使用 MSA 级数据对广义矩方法动态面板回归分析的结果进行混合，发现房主和租房者的住房负担增加对零售、信息和专业服务三个商业部门的商业增长都有统计上的重大不利影响。最后，关于居民主体对住房负担能力的影响研究。凯思琳、瑞贝卡（Catherine & Rebecca，2020）基于加拿大新斯科舍省生活补贴和住房市场房价的随机抽样数据，研究发现住房负担能力和感觉"不安全/有点不安全"与社区归属感的可能性较低有关，国家和社会应加大对住房安全的重视程度和住房成本的补助力度。奥德耶等（Odeyemi et al.，2021）对 2013 年美国住房调查数据进行了多项 Logistic 回归分析，揭示了住房成本是美国农村和城市地区女性户主较重的经济负担，表明了女性户主家庭的经济和住房挑战需要政策干预来缓解，特别是在难以获得援助的农村地区。巴里特和玛丽贝斯等（Barrett & Marybeth et al.，2021）研究发现，住房稳定性较好者更有可能居住在补贴住房中，政府需要通过收入补助策略和经济适用住房制度，制定解决住房负担能力问题的方案和政策。

刘洪玉（2005）认为，住房价格、家庭情况、消费倾向和金融投资方式等是居民住房负担能力的重要影响因素。张浩、陈立文（2019）以河北省

1995～2017 年的相关数据为基础，建立 VAR 模型，对收入、房价与住房负担能力之间的关系进行实证分析，研究表明，城市居民住房负担能力呈逐年递减趋势，且房价与住房负担能力存在单向格兰杰因果关系，与收入存在双向格兰杰因果关系。邓小蝶（2020）以广东惠州市惠阳区为例，通过房价比和剩余收入法测度各个阶层的住房负担能力，研究发现，快速上涨的房价对居民的住房负担能力产生了负面影响，低收入人群已无法负担当前状态下的房价，住房负担能力整体减弱。

综上所述，国外学者主要致力于对住房负担能力的准确定义，以及探索更加合理的测度方法和衡量指标。国内学者主要考察房地产市场的具体情况，进行房价的评判和调整，以及研究不同收入阶层家庭的住房负担能力，提出更加完善的住房保障措施。总而言之，我国的居民住房负担能力研究正逐步走向全面、系统、深入的阶段。本章也将从不同的测度方法出发，研究 2010～2019 年 35 个大中城市住房负担能力的变化特征，并根据实证分析结果提出相关建议。

第二节 住房负担能力测度方法

一、传统比率式法

传统比率式法是国际上测量住房负担能力最常用的方法，住房负担能力具体包括房价收入比和住房负担能力指数。

在图 2-1 中，X 轴代表住房支出，Y 轴代表收入，OD 代表住房支出和收入的标准比率。OD 向上倾斜，表示收入增加，住房消费也增加。OD 将图形分为两个区域：OD 上的任意一点（如点 B），或高于 OD 的点（如点 A），表明住房是可负担的；低于 OD 的点（如点 C），表明缺乏负担能力。在点 A，住房支出 X_1 的标准收入 Y_1 低于预计收入 Y_2，表示这个家庭有足够收入（即 Y_2），也就是不存在收入的"住房负担"。在点 C，住房支出 X_3 的标准收入 Y_3 高于预计收入 Y_2，表明存在"额外负担"，家庭被认为缺乏住房负担能力。

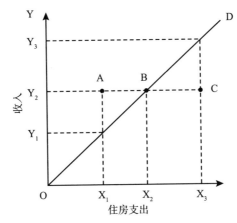

图 2-1 住房负担能力的比率衡量

（一）房价收入比

房价收入比（PIR）是指一个地区的总房价与居民收入之比，反映居民或家庭购买一套合理标准的房子需要积累的时间。PIR 值越大，居民的住房负担能力就越弱；PIR 值越小，住房负担能力就越强。

（二）住房负担能力指数

住房负担能力指数（HAI）是衡量一个具有中位数收入家庭对处于住房市场上中位数住房价格的承受能力，判断一个有代表性的家庭能否符合申请有代表性的住房的按揭贷款条件。通常，HAI 等于 100%，表明中位数收入的家庭恰好能够贷款购买中位数价格的住房；大于 100%，说明住房负担能力较强；小于 100%，说明住房负担能力较弱。

二、剩余收入法

剩余收入法是在支付住房成本之后，测度家庭是否有足够的剩余收入来满足非住房生活必需品消费。若不能满足，则认为该家庭不具备足够的住房负担能力。

在图 2-2 中，X 轴表示住房消费，Y 轴表示非住房消费。最低住房消费为 X_1，最高住房消费为 X_2，最低非住房商品消费为 Y_1。在区域③内，住房和非住房消费都不足；在区域④内，住房消费充足但是非住房消费不充足；在区域①和②内，非住房消费充足，但住房消费也许充足也许不充足。所以，当人们有充足的住房消费和非住房消费时，住房被认为是可负担的。

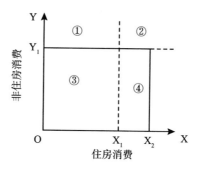

图 2 - 2　住房负担能力的剩余收入衡量

三、复合测度法

复合测度法是用传统比率式法和剩余收入法相结合的方式，同时检验住房负担能力状况。当家庭同时面临高住房支出收入比和不充分的剩余收入时，才会被认为是不具有住房负担能力的。

四、可负担住房供应占比法

可负担住房供应占比法是从住房供应角度出发，通常计算某一价格水平的房屋空置率。较高的空置率，一方面反映着这类价格水平的房屋可能即将从住房存量中流失，另一方面也可能表明周边环境极为不利。以此可以计算不同收入家庭负担得起的住房数量或比例。

五、住房不匹配法

住房不匹配法是将家庭收入、住宅价格按照不同的水平进行分类并统计数量，计算某一收入范围内的家庭群体可负担的住宅数量与该群体家庭总数量的比率，反映住房市场供应情况与特定群体的不匹配程度。当比率等于或高于1

时，表示该收入范围内的家庭可负担的住房数量等于或高于该收入范围内的家庭数量，因此该收入范围内的家庭不存在住房可负担的问题。当比率低于 1 时，表明该收入群体存在着住房可负担的困难。比率越接近于 0，住房负担能力就越弱。

如表 2 - 1 所示，从居民需求角度出发，应该选择传统比率式法、剩余收入法或复合测度法。从我国相关知识体系的完整性和具体运用的准确性来看，传统比率式法和剩余收入法的使用较为普遍。同时，从住房本身出发，传统比率式法可用于进行同一国家不同时期和不同地区的居民住房负担能力的比较分析，在显示变动趋势上具有明显优势。这也更加符合本章对城市住房负担能力时空演变特征研究的主题。所以，本章采用传统比率式法中最常用的 PIR 和 HAI 两个指标，对 2010～2019 年我国 35 个大中城市住房负担能力进行实证分析。

表 2 - 1 住房负担能力测度方法的比较分析

测度方法	优点	缺点
传统比率式法	数据易取，计算简单，使用范围广泛；适用于比较不同时空中同种类型家庭	住房支出和收入的定义选取不统一；标准比率的设定不够科学合理；缺少其他重要影响因素（如房屋质量等）
剩余收入法	更具逻辑性、合理性；考虑了住房选择的主观性；适用于比较不同类型家庭或收入阶层	过度依赖住房开支的主观假设；关注重点由住房本身变为非住房消费；数据繁重，计算复杂费时
复合测度法	结合传统比率式法和剩余收入法的优点，全面反映住房负担能力情况	计算复杂，考虑因素过多，满足要求过高，应用范围狭窄
可负担住房供应占比法	从住房供应角度出发，开辟新的研究方向；为房地产企业调整住房供应提供理论基础	变量单一，仅是某一价格水平；缺少地理位置、房屋质量等供应环境变量；缺少居民主观性考虑
住房不匹配法	从住房需求和供应两个角度出发，全面考虑了不同收入和房价水平下的供求情况	考虑角度增加，因素过多，计算复杂；不同研究者的变量因素定义选取不同，易产生误差

第三节 基于房价收入比的实证分析

本章使用来自国家统计局 2010～2019 年中国 35 个大中城市的家庭收支数据和住房数据。同时，根据经济地区（地带）的划分，将 35 个大中城市分为东、中、西部，见表 2-2。

表 2-2 东、中、西部划分

东部地区	北京、上海、广州、深圳、厦门、杭州、南京、天津、石家庄、大连、沈阳、福州、宁波、济南、青岛、海口
中部地区	太原、郑州、合肥、武汉、长沙、南昌、长春、哈尔滨
西部地区	兰州、成都、西安、南宁、重庆、贵阳、昆明、西宁、银川、乌鲁木齐、呼和浩特

一、房价收入比的测度方法

本章所采用的房价收入比的计算公式为：

$$房价收入比 = \frac{一套住房价格}{家庭可支配收入} \qquad (2-1)$$

用符号表示为：

$$PIR = \frac{TP}{TY} = \frac{AP \cdot AF}{AY \cdot n} \qquad (2-2)$$

根据我国实际情况和考虑数据可获得性，本章将房价收入比相关参数作出以下设定，见表 2-3。

表 2-3 房价收入比相关参数设定

参数	具体含义
TP	住房市场价格
TY	家庭可支配收入
AP	住房平均销售价格

参数	具体含义
AF	住房套均面积（90 平方米）
AY	家庭人均可支配收入
n	户均人口数（城市所在省的户均人口数）

二、房价收入比的测度结果和分析

利用以上公式和数据对我国 35 个大中城市的房价收入比（PIR）及其均值、标准差进行计算，以此对各城市 PIR 值近 10 年间的变动趋势和总体状况进行横纵向比较分析，见表 2 – 4。

表 2 – 4　　　　2010～2019 年中国 35 个大中城市的房价收入比

城市	2010年	2011年	2012年	2013年	2014年	2015年	2016年	2017年	2018年	2019年	均值	标准差
北京	19.58	15.87	14.61	13.82	13.78	14.95	17.09	18.78	19.20	18.30	16.60	2.27
天津	11.70	11.66	9.82	9.76	9.63	9.43	11.27	12.35	12.35	11.36	10.93	1.15
哈尔滨	9.19	8.14	7.06	7.33	6.73	6.38	6.25	7.63	8.20	8.91	7.58	1.02
长春	8.71	9.01	7.17	7.15	7.09	6.75	6.12	6.95	7.75	7.99	7.47	0.89
大连	10.26	10.81	9.21	8.60	9.09	7.89	7.87	8.38	9.27	9.18	9.06	0.94
沈阳	8.04	7.96	7.58	6.91	6.33	5.69	5.76	6.52	6.95	7.76	6.95	0.87
呼和浩特	4.62	4.65	4.76	4.75	4.98	4.36	4.26	4.39	6.09	7.08	4.99	0.90
太原	11.41	9.04	8.34	8.31	8.17	7.70	7.18	8.50	9.69	9.34	8.77	1.19
石家庄	5.57	5.73	5.65	5.55	6.00	7.69	6.67	8.29	8.43	6.95	6.65	1.14
上海	16.19	14.46	13.22	14.14	13.23	14.85	16.36	14.36	15.78	16.91	14.95	1.30
南京	9.98	8.05	8.96	9.34	7.83	7.11	10.12	8.15	9.84	9.15	8.85	1.02
杭州	16.31	13.00	11.90	13.23	11.14	10.21	10.43	12.96	13.89	14.17	12.72	1.87
宁波	13.29	11.51	10.09	9.68	8.74	7.71	7.65	8.73	9.40	8.68	9.55	1.74
合肥	10.15	7.42	6.74	6.43	6.89	6.50	7.24	8.53	9.12	9.56	7.86	1.37

续表

城市	2010年	2011年	2012年	2013年	2014年	2015年	2016年	2017年	2018年	2019年	均值	标准差
福州	10.47	11.87	11.56	10.41	10.42	9.41	8.62	7.65	9.90	9.38	9.97	1.28
厦门	11.97	12.95	11.00	11.64	15.01	12.90	16.11	16.66	18.97	18.17	14.54	2.84
南昌	5.81	6.72	6.54	6.68	5.65	5.49	5.50	5.44	5.29	5.75	5.89	0.55
济南	7.26	7.16	6.32	6.32	5.85	5.90	6.12	6.65	7.66	7.56	6.68	0.68
青岛	7.75	7.79	7.30	7.29	6.50	6.53	6.47	6.80	7.69	8.24	7.24	0.63
郑州	6.30	5.76	6.22	6.79	6.09	6.17	6.30	6.22	5.51	6.03	6.14	0.34
武汉	7.60	8.27	7.57	7.43	6.76	6.81	7.15	7.86	8.03	8.19	7.57	0.54
长沙	5.13	6.12	5.42	4.74	4.19	3.81	3.95	4.35	4.20	4.26	4.62	0.73
广州	9.74	8.57	8.71	9.48	9.68	8.40	9.32	9.42	10.72	11.15	9.52	0.88
深圳	16.46	15.58	12.87	14.99	16.56	21.01	27.13	27.10	28.71	26.94	20.74	6.15
南宁	7.39	7.14	6.75	6.74	6.28	5.49	5.58	5.94	5.78	6.24	6.33	0.65
海口	11.97	8.56	7.21	7.67	7.06	6.60	6.86	8.82	8.77	9.93	8.34	1.66
重庆	7.32	7.18	7.05	7.03	6.70	5.81	5.71	6.64	7.29	7.28	6.80	0.60
成都	8.52	8.45	7.76	7.30	6.69	5.86	6.12	6.74	7.18	8.37	7.30	0.96
贵阳	7.08	6.84	5.96	5.63	5.72	4.86	4.94	5.39	6.95	7.28	6.06	0.91
昆明	4.60	5.63	5.91	5.43	5.29	5.45	4.73	5.25	7.03	7.19	5.65	0.86
西安	5.46	6.39	6.09	5.74	5.93	5.37	4.99	6.64	7.79	8.39	6.28	1.08
兰州	7.46	7.36	8.22	7.14	6.84	6.04	5.42	5.93	5.42	5.17	6.50	1.04
西宁	5.90	5.60	6.46	6.02	6.37	4.74	4.87	5.25	5.74	7.27	5.82	0.77
银川	5.86	5.57	5.14	5.35	4.43	4.46	4.14	4.29	4.46	4.94	4.86	0.59
乌鲁木齐	8.19	8.66	8.14	6.63	6.02	5.32	4.61	4.74	5.62	5.56	6.35	1.49
平均值	9.24	8.73	8.09	8.04	7.82	7.53	7.97	8.52	9.28	9.39	—	—
标准差	3.68	2.94	2.44	2.71	2.98	3.54	4.72	4.66	4.93	4.56	—	—

资料来源：根据历年《中国统计年鉴》、各市《统计年鉴》的数据进行计算得到。

从 PIR 的平均值上看，可将 35 个大中城市的住房负担能力分为 5 个等级，包括最强、较强、一般、较弱和最弱，如表 2-5 所示。

表 2-5　　　　　　　中国 35 个大中城市负担能力等级划分

负担能力等级	均值 PIR 范围	城市
最强	0 < PIR ≤ 5	长沙、银川、呼和浩特
较强	5 < PIR ≤ 7	昆明、西宁、南昌、贵阳、郑州、西安、南宁、乌鲁木齐、兰州、石家庄、济南、重庆、沈阳
一般	7 < PIR ≤ 9	青岛、成都、长春、武汉、哈尔滨、合肥、海口、太原、南京
较弱	9 < PIR ≤ 11	大连、广州、宁波、福州、天津
最弱	大于 11	杭州、厦门、上海、北京、深圳

资料来源：根据历年《中国统计年鉴》、各市《统计年鉴》的数据进行计算得到。

如表 2-5 所示，长沙、银川和呼和浩特的 PIR 均值都低于 5，住房负担能力最强；昆明、西宁、南昌和贵阳等城市的 PIR 均值在 5 到 7 之间，住房负担能力较强；青岛、成都、长春和武汉等城市的 PIR 均值在 7 到 9 之间，住房负担能力处于中等水平；大连、广州、宁波、福州和天津的 PIR 均值在 9 到 11 之间，住房负担能力较弱；深圳、北京、上海、厦门和杭州的 PIR 均值都高于 11，住房负担能力最弱。由此可见，我国住房负担能力有明显的区域性特征，东部城市住房负担能力最弱，而中部和西部城市住房负担能力较强。

将 2010 ~ 2019 年 PIR 的平均值制成折线图，直观显示 10 年间 PIR 的变化趋势，见图 2-3。

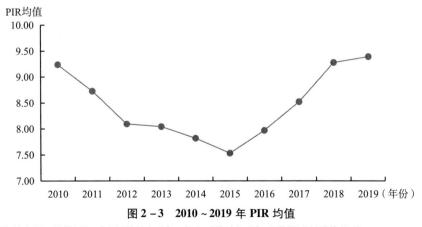

图 2-3　2010 ~ 2019 年 PIR 均值

资料来源：根据历年《中国统计年鉴》、各市《统计年鉴》的数据进行计算得到。

如图 2-3 所示，从不同年份 PIR 的平均值来看，其曲线呈先下降后上升的趋势，并在 2015 年处于最低点。其主要原因是房价与收入的增速问题：早期收入增加，房价变化相对缓慢，住房负担能力较强；后期房价上涨速度过快，紧跟收入增长速度，导致住房负担能力变弱。同时，政府针对过高房价实施的一系列强有力的调控政策也可能会减轻城市居民的住房负担，如自 2015 年起，中央银行最大程度地降低了商业贷款利率，住房负担能力开始增强。

将 35 个大中城市 PIR 的标准差制成折线图，显示各个城市 PIR 的变化波动趋势，表明每个城市在 2010~2019 年住房负担能力的波动大小，见图 2-4。

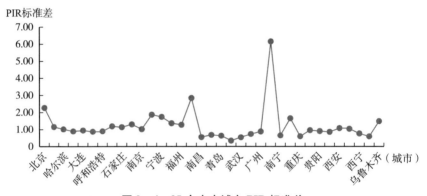

图 2-4　35 个大中城市 PIR 标准差

资料来源：根据历年《中国统计年鉴》、各市《统计年鉴》的数据进行计算得到。

如图 2-4 所示，从不同城市 PIR 的标准差来看，经济发展较为迅速的深圳、厦门、北京和杭州近 10 年来的房价收入比波动较大，且这些城市的 PIR 值在 35 个大中城市中都处于较高的水平。郑州、武汉、南昌、银川和重庆的住房支付能力基本稳定。分区域来看，东部城市的住房负担能力变动较为明显，中部城市变动各异，而西部城市变动不大。

将 2010~2019 年的 PIR 标准差制成折线图，显示每年 PIR 的变化差异大小，可以表明在 2010~2019 年城市间住房负担能力的差异，见图 2-5。

图 2 - 5　2010 ~ 2019 年 PIR 标准差

资料来源：根据历年《中国统计年鉴》、各市《统计年鉴》的数据进行计算得到。

如图 2 - 5 所示，从不同年份 PIR 的标准差来看，2010 ~ 2012 年 PIR 不断下降，2013 ~ 2016 年持续攀升，说明各城市间的住房负担能力差异呈现拉大趋势，到 2016 ~ 2019 年住房负担能力差异又逐渐平稳。但是，从表 2 - 5 可以看出，住房负担能力最弱的深圳、北京、上海和厦门的房价收入比并没有明显降低，说明原本负担能力较强或一般的城市的房价收入比处于上升阶段，住房负担压力逐渐增加。

第四节　基于住房负担能力指数的实证分析

一、住房负担能力指数的测度方法

本章所采用的住房负担能力指数计算公式为：

$$HAI = \frac{Y_\phi}{PMT} \times 100\% = \frac{Y_\phi}{P(1-\alpha)} \frac{(1+R)^{12n} - 1}{R(1+R)^{12n}} \times 100\% \qquad (2-3)$$

根据中国国情和数据来源，本章将住房负担能力指数计算公式相关参数作出以下设定，见表 2 -6。

表 2 – 6 住房负担能力指数相关参数设定

参数	具体含义
Y_ϕ	家庭可支配收入的月平均值
Y	家庭月收入的中位数
φ	收入中用于住房消费的上限比例，假定为 25%
PMT	月还款额
P	住房销售均价
α	首付比例（30%）
R	抵押贷款的月利率（商业贷款利率）
n	贷款期限（30 年，即 360 个月）

其中，住房抵押贷款月利率 R 来源于中国人民银行发布的商业贷款年利率，见表 2 – 7。

表 2 – 7 2010 ~ 2019 年中国人民银行发布的商业贷款利率 单位：%

年份	年利率
2010	6.40
2011	7.05
2012	6.55
2013	6.15
2014	6.15
2015	4.90
2016	4.90
2017	4.90
2018	4.90
2019	4.90

资料来源：中国人民银行，http://www.pbc.gov.cn/。

二、住房负担能力指数的测度结果和分析

利用以上的公式和数据对 2010～2019 年 35 个大中城市的住房负担能力指数进行计算，得到其住房负担能力指数（HAI），见表 2 – 8。

表 2 – 8　　2010～2019 年中国 35 个大中城市住房负担能力指数（HAI）　单位：%

城市	2010 年	2011 年	2012 年	2013 年	2014 年	2015 年	2016 年	2017 年	2018 年	2019 年
北京	35.66	41.72	45.62	48.77	51.26	53.17	45.10	41.03	40.76	43.10
天津	52.25	50.32	62.19	67.50	69.74	77.02	64.68	59.68	60.54	67.08
哈尔滨	65.40	70.07	86.26	87.55	97.91	113.47	117.46	101.43	95.00	91.76
长春	66.92	61.10	81.61	88.79	91.23	102.37	115.80	109.23	97.94	97.22
大连	59.96	54.51	68.04	75.18	73.58	92.42	93.60	90.87	85.45	86.56
沈阳	76.52	73.99	82.69	93.53	105.68	128.11	127.92	116.78	113.84	102.37
呼和浩特	131.26	126.22	127.48	135.04	131.67	169.44	173.63	172.40	126.59	110.48
太原	46.34	55.04	66.08	70.33	70.37	85.16	90.46	79.96	69.67	73.24
石家庄	91.44	84.00	91.58	99.91	91.59	81.03	92.91	75.85	76.71	93.64
上海	42.40	47.55	54.29	52.92	56.79	55.25	49.95	56.47	52.66	50.15
南京	58.40	68.13	63.39	63.85	75.87	91.84	62.71	80.17	67.50	74.32
杭州	40.09	47.57	52.88	52.33	62.14	73.49	72.21	59.47	56.33	55.88
宁波	49.20	53.73	62.38	71.50	79.23	97.38	98.53	88.26	83.26	91.22
合肥	54.61	71.31	82.82	90.20	82.91	95.52	83.95	74.44	71.20	72.30
福州	54.90	48.55	51.75	62.09	62.75	69.24	76.74	87.14	69.34	75.77
厦门	48.04	44.52	54.35	55.54	43.55	50.49	41.09	39.99	36.19	39.13
南昌	80.31	69.29	75.21	76.97	91.32	103.02	100.76	104.25	110.70	105.83
济南	79.00	77.19	91.76	99.33	105.82	118.87	114.90	107.73	92.50	97.47
青岛	74.10	70.97	79.42	86.19	95.26	107.33	108.70	105.27	92.12	89.38
郑州	78.25	82.00	80.51	78.95	86.42	96.58	92.06	97.16	107.38	101.16
武汉	71.35	63.31	73.53	80.51	87.87	97.25	90.78	85.01	83.79	83.84

续表

城市	2010 年	2011 年	2012 年	2013 年	2014 年	2015 年	2016 年	2017 年	2018 年	2019 年
长沙	100.46	85.91	101.30	114.22	131.84	161.68	157.65	144.52	146.14	150.53
广州	54.97	56.12	59.41	58.88	56.95	74.44	69.90	70.27	62.34	60.76
深圳	32.51	30.89	40.19	37.25	33.28	29.74	24.01	24.42	23.28	25.15
南宁	69.44	71.29	75.24	78.79	86.69	104.81	101.86	96.77	102.80	98.56
海口	39.44	52.89	64.25	65.10	69.37	83.82	77.84	63.91	64.11	56.18
重庆	84.48	80.25	89.57	94.05	96.46	121.91	128.67	109.33	95.56	98.30
成都	68.05	66.98	76.30	87.30	97.66	114.05	109.17	101.57	96.59	87.74
贵阳	74.62	75.36	91.31	101.78	99.46	123.02	122.73	110.19	89.07	87.54
昆明	105.51	85.95	87.50	98.67	100.80	106.11	120.29	108.88	86.98	85.65
西安	97.52	79.34	90.26	100.51	96.58	119.67	125.17	98.44	87.01	80.74
兰州	65.83	67.16	63.75	73.51	76.80	99.79	107.97	101.61	108.60	116.55
西宁	83.88	82.02	76.76	86.75	86.55	122.99	123.37	114.41	108.27	89.52
银川	90.01	87.15	98.00	102.70	124.15	140.93	153.70	151.23	142.81	133.11
乌鲁木齐	64.18	57.82	65.55	80.38	91.26	115.42	131.57	134.22	115.96	109.65
全国	68.21	66.86	74.66	80.48	84.60	99.34	99.08	93.21	86.26	85.20

资料来源：根据历年《中国统计年鉴》、各市《统计年鉴》的数据进行计算得到。

根据表 2-8，将住房负担能力划分为 5 级，对 35 个大中城市 2010～2019 年的住房负担能力进行分组，见表 2-9。其中，城市数量表示所在组的城市的个数，城市占比表示该组城市个数占所有城市个数的百分比。

表 2-9　　　　　2010～2019 年中国 35 个大中城市住房负担能力的分组

项目	2010 年		2011 年		2012 年		2013 年		2014 年	
	城市数量（个）	城市占比（%）	城市数量（个）	城市占比（%）	城市数量（个）	城市占比（%）	城市数量（个）	城市占比（%）	城市数量（个）	城市占比（%）
很弱（HAI<70%）	20	57	19	54	15	43	10	29	9	26
较弱（70%≤HAI<90%）	9	26	15	43	13	37	14	40	10	29

续表

项目	2010 年		2011 年		2012 年		2013 年		2014 年	
	城市数量（个）	城市占比（%）	城市数量（个）	城市占比（%）	城市数量（个）	城市占比（%）	城市数量（个）	城市占比（%）	城市数量（个）	城市占比（%）
一般（90%≤HAI＜110%）	5	14	0	0	6	17	9	26	13	37
较强（110%≤HAI＜130%）	0	0	1	3	1	3	1	3	1	3
很强（HAI≥130%）	1	3	0	0	0	0	1	3	2	6
总计	35	100	35	100	35	100	35	100	35	100

项目	2015 年		2016 年		2017 年		2018 年		2019 年	
	城市数量（个）	城市占比（%）	城市数量（个）	城市占比（%）	城市数量（个）	城市占比（%）	城市数量（个）	城市占比（%）	城市数量（个）	城市占比（%）
很弱（HAI＜70%）	5	14	7	20	7	20	11	31	8	23
较弱（70%≤HAI＜90%）	6	17	4	11	8	23	8	23	12	34
一般（90%≤HAI＜110%）	12	34	11	31	13	37	10	29	11	31
较强（110%≤HAI＜130%）	9	26	9	26	3	9	4	11	2	6
很强（HAI≥130%）	3	9	4	11	4	11	2	6	2	6
总计	35	100	35	100	35	100	35	100	35	100

资料来源：根据历年《中国统计年鉴》、各市《统计年鉴》的数据进行计算得到。

如表 2-9 所示，10 年间我国大部分城市住房负担能力都处于"很弱""较弱"和"一般"这三个等级。除 2015 年和 2016 年外，其他住房负担能力较强和很强的城市数都占总数的 20%以下；2016 年和 2017 年住房负担能力很强的城市数达到了最大值 4 个，仅占总数的 11%。而住房负担能力很弱和较弱的城市数，呈现出先下降后上升的趋势；但较为乐观的是，住房负担能力很弱的城市占比从 2010 年的 57%下降到了 2019 年的 23%。

将 2010~2019 年全国平均支付负担能力指数制成折线图，直观显示 10 年间全国 HAI 的变化趋势，见图 2-6。

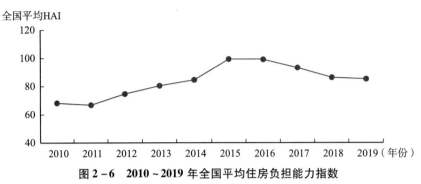

图2-6　2010~2019年全国平均住房负担能力指数

资料来源：根据历年《中国统计年鉴》、各市《统计年鉴》的数据进行计算得到。

如图2-6所示，2010~2019年10年间，HAI均值基本低于90%，全国城市居民的平均住房负担能力不足。在2010~2015年，HAI值整体处于上升阶段，2015年达到了最高值99.34%；在2016~2019年，HAI一直处于下降状态，住房负担能力持续减弱。

为了更好地观察住房负担能力指数的区域性，以下将35个大中城市的住房负担能力指数分东中西部显示，见表2-10。

表2-10　　　　　　　2010~2019年东中西部的住房负担能力指数　　　　单位：%

年份	东部	中部	西部
2010	55.55	70.46	84.98
2011	56.42	69.75	79.96
2012	64.01	80.91	85.61
2013	68.12	85.94	94.50
2014	70.81	92.48	98.92
2015	80.23	106.88	121.65
2016	76.30	106.12	127.10
2017	72.96	99.50	118.10
2018	67.31	97.73	105.48
2019	69.26	96.99	99.80

资料来源：根据历年《中国统计年鉴》、各市《统计年鉴》的数据进行计算得到。

如表 2 - 10 所示，东部地区的 HAI 均值 10 年间一直低于 90%，在 2010 ~ 2013 年和 2018 ~ 2019 年持续低于 70%，2015 年达到最高值 80.23%，住房负担能力严重不足；在 2010 ~ 2019 年，中部地区的 HAI 均值处于 70% ~ 110% 之间，住房负担能力为较弱和一般；西部地区的 HAI 均值一直都是三个区域的最高值，住房负担能力处于较强等级，但其均值都低于 130%，没有达到最强水平。

为直观展示三个区域 HAI 均值的变动趋势，以下将表 2 - 10 制成折线图，见图 2 - 7。

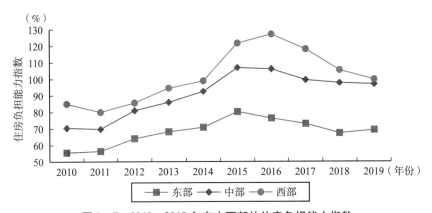

图 2 - 7　2010 ~ 2019 年东中西部的住房负担能力指数

资料来源：根据历年《中国统计年鉴》、各市《统计年鉴》的数据进行计算得到。

如图 2 - 7 所示，2010 ~ 2019 年东中西部的 HAI 曲线总体走势一致，呈先缓慢上升，再以较快速度下降的趋势，并都在 2015 年达到最高点。其中，西部城市住房负担能力最强，其次是中部，东部城市住房负担能力最弱。同时，中部与东部城市住房负担能力差距较明显，且近几年基本保持稳定；西部与中部城市住房负担能力差距较小，只在 2015 ~ 2019 年突然拉大，但又迅速缩小。

第五节　城市住房负担能力的时空演变特征

根据上述实证分析结果，本章总结了我国城市住房负担能力的时空演变有以下 4 个特征。

一、城市住房负担能力整体较弱

在 2010~2019 年，城市住房负担能力总体呈现出先逐渐增强再减弱的趋势。其中，PIR 的均值大部分大于 7，HAI 基本小于 90%，这表明城市住房负担能力整体较弱，居民购房困难。同时，由于人民生活水平提高，非住房消费增加，居民的住房负担能力整体减弱，住房压力增大。

二、不同经济发展水平的城市住房负担能力不同

从一线城市来看，北京、上海、深圳等城市房价过高，增速过快，导致城市住房压力过大。居民会将收入的大部分或全部投入住房消费中，导致非住房需求如娱乐、医疗、交通等不能被正常满足，生活水平下降。同时，从 PIR 的标准差来看，一线城市与其他城市住房压力差异逐渐缩小，这表明了二线城市或中等收入者的住房负担能力问题不断增加。

三、城市住房负担能力呈现区域性

将 35 个大中城市划分为东、中、西部，从 PIR 和 HAI 的均值来看，东部城市住房负担能力最弱，中部城市一般，而西部较强。从 PIR 和 HAI 的标准差来看，东部城市住房负担能力变动较为明显，中部城市变动各异，而西部城市变动不大。其中，中部与东部城市住房负担能力差距较大，西部与中部城市住房负担能力差距较小。

这一现象的主要原因在于东、中、西部地区的经济发展和人均占地面积的差异。1985 年，"共同富裕"理论被提出。在改革开放时期，东部沿海先富起来，再带动中西部共同富裕。东部沿海经济迅速发展，不断有中青年劳动力从中西部向东部转移，进一步导致了中部地区经济发展缓慢，加剧了西部地区经济发展迟缓。所以，我国的城市住房负担能力呈现出区域性特征。如今，国家提出全面深化改革，大力支持中部崛起和西部大开发，中西部地区的经济不断发展，人才和劳动力持续增加，与东部地区的差异逐渐缩小。

四、2015 年和 2016 年城市住房负担能力较强

从每年 PIR 的均值来看，2010～2015 年城市住房负担能力持续增强，2015～2019 年逐渐减弱，在 2015 年，PIR 达到最低值 7.53，城市住房负担能力较强；从每年 HAI 的均值来看，2015 年和 2016 年处于较强、最强住房负担能力等级的城市最多，分别有 12 个和 13 个。这主要原因在于中央银行发布的降低商业贷款利率政策，商业贷款利率降低，还贷金额减少，促进居民更愿意去贷款低价买房，从而使住房压力减小，城市住房负担能力增强。2015 年，央行的商业贷款利率首次降低到了最低值 4.9%，而全国住房负担能力也达到了 10 年间的顶峰。但随着 2016～2019 年房价的增长，商业贷款利率降低所带来的冲击也逐渐减小，住房负担能力又开始减弱。

第六节　本章小结

为了国民经济的发展和居民生活水平的提高，我国应高度重视城市住房负担能力问题。基于本章研究，为了提高房价可支付性，防范住房泡沫和金融风险，增强住房负担能力，政府和社会应重点解决房价支付困难及房价上涨速度过快问题；对于住房负担能力一般或较强的城市也不应该疏于管理，应结合住房负担能力较弱城市的经验，积极预防，继续保持健康状态。

第一，提高中小户型住房和保障性住房的供给。在我国大部分区域地少人多的基本态势下，住房问题主要是房价过高和住房供求不平衡。在收入不变的情况下，我国可以从房屋供给角度出发，增加经济适用房建设。如提高中小户型住房的供给，同样的土地面积可以增加房屋数量和降低单位价格，以此增强中低收入阶层的住房负担能力。低收入阶层和"新居民"，在短时间内都很难通过收入的提高来购买住房。为切实解决居民"住房难"问题，政府应提供土地、财税、金融等政策支持，增加保障性住房供给。同时，国家需完善住房保障制度，建立健全多层次的保障性住房体系，使不同收入阶层的居民"住有所居"。

第二，降低房价并减少购房成本。对于房价的较快增长，政府可以利用金融手段降低购房成本，如央行可以适当降低贷款利率。对于不合理的房价上

涨，中央应采取必要措施，严厉打击购房投机或"倒卖"现象，使房价回归到合理水平。同时，地方政府应大力规范和发展住房买卖和租赁市场，控制和抑制房价两种方式"双管齐下"，减免买卖和租赁税收，降低和控制中介费用，打击"黑中介"，提供更多房源，保障居民权益。

第三，地方政府需因城因时制宜。我国住房负担能力问题在东、中、西部差异明显，主要影响因素在于不同地区的经济发展不同。东部经济发达，人均收入较高，但房价过高，甚至房价增速要高于收入增速，这就导致东部地区的住房负担能力问题严重。同时，受地理环境、文化习俗和生活习惯等因素影响，不同地区居民的购房理念和购房需求也存在着差异。因此，地方政府还需结合当地实际情况，因时因地地制定符合当地住房市场环境的有效政策。

第四，引导居民理性购房消费。受传统购房观念和盲目跟风的心态影响，我国仍然存在着大量的非理性购房现象，这进一步导致了房价的飙升，破坏了住房供需关系的平衡，损害了居民和国家的利益。对此，国家和政府应积极引导居民树立正确、理性的购房观：深入了解住房市场环境，根据自身需求和家庭承受能力选择适合自己的住房。同时，国家应重视购房要求的制定，采取限购、限价、限售、增税等政策，让大部分买房者回归理性。

第三章

住房负担与流动人口城市定居

在我国经济和社会发展过程中，流动人口在城市定居是一个长期存在的问题。截至 2021 年，我国流动人口规模不断扩大。首先，在弄清住房负担能力测度及其时空演变特征基础上，本章首先研究住房负担对城镇家庭居民消费的影响；其次，基于全面二孩政策背景，研究住房负担对流动人口初育和再育意愿的影响；再次，进一步研究住房负担对流动人口定居意愿的影响及其异质性表现规律，以此推动流动人口在城市的安居乐业；最后，得出研究结论，可以为城市更好留住流动人口提供理论参考。

第一节　住房负担对城镇居民家庭消费的影响

一、相关理论基础

（一）文献梳理

住房作为消费和投资两种属性共同存在的物品，其房价的变化会对社会经济产生巨大的影响，而对家庭消费的影响尤为迅速和重要。对此，国内外众多学者对两者的关系进行了大量的验证分析，得出来的结论大致分为两类：一类是倾向于房价上升可以增加社会财富；另一类则认为房价上升会导致加重家庭的负担。一方面，根据消费持久假说和生命周期假说分析，家庭财富的增加会促进消费水平的提高，而住房作为投资性产品会使家庭总财富增加，有可观的未来预期收入将促使家庭消费增加。李中南（2022）通过联立方程模型研究分析显示，高房价对于非住房消费具有抑制效应，对于住房消费有促进效应，但整体表现为挤出效应；何兴强和杨锐锋（2019）在研究房价收入比与家庭消费的关系中得出，房价收入比过高会明显减少家庭的总消费以及对非耐用品消费带来的房产财富弹性；朱诗娥和顾欣（2021）基于回归的结果也表明，房价收入比平均每提高 1 个百分点，城镇居民的平均消费支出倾向于下降 0.149 个百分点。

本节在研究方法上根据现实社会经济的发展选用了不同的变量在时间固定效应下进行分区域分析和引入不同群体的异质性分析，并加入了中介效应深入研究其内在传导机制。在研究视角上将消费划分为总消费、发展与享受资料两种消费，进行比较分析和具体研究，不同于前人文献中单纯研究住房负担与家庭消费，填补了国内相关研究的空白。对比不同的文献可以看出，时间、地点和数据选取的不同也使得结论发生了根本性或者微小的变化。由于国内外文献研究的结论中房价相关变量对各消费变量的正负影响都存在，又因 2019 年的中国家庭金融调查（CHFS）数据为最新数据但加入 2019 年数据的分析论文目前较少，鉴于 CHFS 数据的科学性、权威性和调查的广泛性，本节将用 CHFS 最新几期的数据进行影响研究，并深入展开分析。

（二）理论分析与研究假设

住房负担对城镇家庭消费影响大致可以分为财富效应和挤出效应。财富效应偏向于住房负担上涨时，拥有住房的城镇家庭增加了已有的资产规模，进而直接提高预期财富，使家庭的消费动力上升，从而提高城镇家庭的消费；挤出效应倾向于住房负担上涨后使得家庭住房压力增加，居民家庭为了买房或者因为更高的贷款负债从而缩减开支，减少日常的消费，对家庭消费产生负向抑制作用。但随着社会经济不断发展，城镇家庭在节省开支上可能会优先考虑减少发展与享受资料消费，而保证基本生活方面的消费不产生较大的变动。基于此，本节提出假设：住房负担负向抑制了我国城镇家庭的消费，且房价收入比对发展与享受资料消费的影响程度更深。

二、实证检验

（一）模型设定

为研究房价收入比对城镇家庭消费的影响，本节构建的实证模型如下：

$$consump = \alpha_1 + \beta_1 ratio + \vartheta_1 x + \varepsilon_1 \tag{3-1}$$

$$consume = \alpha_2 + \beta_2 ratio + \vartheta_2 x + \varepsilon_2 \tag{3-2}$$

其中，x 为控制变量，ε_1、ε_2 为随机误差项，其他变量含义与前文一致，故不再赘述。

（二）变量选取

1. 被解释变量

被解释变量的选取主要有两个方面：一是总消费，二是发展与享受资料消费。总消费直接选取 CHFS 调查显示的数据，城镇家庭总消费属于项目组自行汇总生成的家庭层面变量，包括食品消费、衣着消费、居住消费、家庭设备服务消费、交通通信消费、教育文娱消费、医疗保健消费和其他消费；发展与享受资料消费的选取根据肖威和张舒静的研究选定范围，包括美容、本地交通、通信上网、文化娱乐、教育培训、购物交通工具及零件、旅行代购和保健锻炼方面的消费，并将这些数据整合相加作为高层次的消费。最后对总消费、发展与享受资料消费数据进行取对数处理。

2. 解释变量

本节选用住房负担作为核心解释变量。韦彻（Weicher，1977）是最早将房价收入比作为住房负担判断指标的，其认为房价收入比等于新房销售中位价与家庭中位收入之比。之后的学者也对房价收入比的衡量指标做了大量的研究和改进。房价收入比也是中国目前广为使用的城镇居民住房支付能力度量指标，又因房价和人们的收入不论何时都存在一个比例，可以进行有规律的分析计算，因此国内外很多学者用房价收入比进行实证分析来研究相关的住房问题。例如朱啸艳（2020）在研究住房负担能力中就介绍了大量的测度方法，并重点以成本收入比法中的房价收入比作为衡量住房负担的重要指标之一；陈欣彦等（2020）也用房价收入比作为衡量指标对房价的相关问题进行研究分析，并得出相关结论：房价收入比抑制了居民选择购房的概率，过高的房价收入比对家庭的购房抉择和消费的结构具有明显的影响。在研究房价对消费的影响中已经有越来越多的学者选用房价收入比作为度量指标进行分析，政府也常通过比较一定时期的房价收入比计算结果是否在正常取值范围，来显示泡沫房地产的可能性，房价收入比对于更加直观看见房产市场的供求，对国家把握住房政策、供给侧改革、需求侧管理均具重要意义，因此，选取房价收入比来衡量住房负担并进一步分析。

根据李胜旗和张洁特（2021）的计算方法，用以省份为单位的房价收入比，即家庭房屋总价值的平均值与家庭年收入的平均值之比来衡量，其中，房屋总价值是单位家庭拥有住宅总面积与国家统计局公布的各省商品房均价的乘积。

3. 中介变量

本节在合理分析社会经济发展和内在逻辑后，发现住房负担可以通过间接效应影响城镇家庭的消费。中介效应模型可以很好地用来分析验证，但在进行中介效应检验时可能会出现遮掩效应。温忠麟和刘红云（2020）把遮掩效应视为广义的中介效应，认为它们均是间接效应的一种，研究了第三个变量在自变量与因变量间起到的连接作用，发现其有着相同的数学表达式，而且检验中介效应的方法也同样适用于遮掩效应，因此，本节将遮掩效应作为一种特殊的中介效应。住房公积金和总负债可以用来分析住房负担对城镇家庭消费影响的间接作用：住房负担上升，住房公积金（mon）呈下降趋势，家庭的现实支出和预期支出也会减少，家庭为减少开支从而降低生活中的消费。而总负债（debt）这一中介变量强化了住房负担对家庭消费的抑制作用，起到遮掩作用。其中，有住房公积金赋值为1，否则为0；家庭总负债按照负债成因主要分为农业负债、工商业负债、房屋负债、商铺负债、车辆负债、其他非金融资产负债、金融资产负债、教育负债、信用卡负债、医疗负债和其他负债。

4. 控制变量

本节借鉴肖威和张舒静（2021）的做法，选择的控制变量有性别（gender）、年龄（age）、受教育程度（edu）、婚姻状况（marriage）、身体状况（health）、是否信贷（sfxd）、是否拥有多套住房（multiple）、区域（area）、总收入（income）、总资产（asset）。其中，家庭总收入包括工资性收入、农业收入、工商业收入、财产性收入和转移性收入。家庭总资产分为金融资产和非金融资产，金融资产包括现金、存款、理财产品、股票、基金、债券、衍生品、非人民币资产、黄金、其他金融资产、借出款、社保账户余额；非金融资产包括农业资产、工商业资产、房屋资产、商铺资产、土地资产、车辆资产、车库资产和其他非金融资产。具体变量设置及说明见表 3 – 1。其中，区域按照 CHFS 原有的东部、西部、中部、东北部①进行分类。

表 3 – 1　　　　　　　　　　　　　　变量说明

变量分类	变量名称	变量说明
被解释变量	consump	总消费（对数）
	consume	发展与享受型消费（对数）
解释变量	ratio	房价收入比
	gender	性别：男 = 1　女 = 0
	age	年龄
	edu	受教育程度：没上过学 = 1，小学 = 2，初中 = 3，高中 = 4，中专/职高 = 5，大专/高职 = 6，大学本科 = 7，硕士研究生 = 8，博士研究生 = 9
	marriage	婚姻：已婚 = 1　未婚 = 0
控制变量	health	身体状况：非常好 = 1，好 = 2，一般 = 3，不好 = 4，非常不好 = 5
	sfxd	信贷：是 = 1　否 = 0
	multiple	住房套数：是 = 1　否 = 0
	income	总收入
	asset	总资产
	area	区域：东部 = 1，西部 = 2，中部 = 3，东北部 = 4
中介变量	mon	住房公积金：是 = 1　否 = 0
	debt	总负债

① 东部地区包括北京、天津、河北、上海、江苏、浙江、福建、山东、广东和海南。中部地区包括山西、安徽、江西、河南、湖北和湖南。西部地区包括内蒙古、广西、重庆、四川、贵州、云南、西藏、陕西、甘肃、青海、宁夏和新疆。东北地区包括辽宁、吉林和黑龙江。

（三）数据来源

本节实证研究所采用的数据主要来源于 CHFS，CHFS 旨在通过科学的抽样，采取现代的调查技术和调查管理手段，为国内外的研究者提供研究中国问题的高质量的微观数据。自 2011 年起，已有 5 年的数据公开，其科学性、权威性和广泛性为本节提供了良好的数据支撑。为了研究近年来住房负担对城镇家庭消费增长和消费升级的影响，选取 2015 年、2017 年、2019 年最新数据进行分析，房价收入比衡量指标中的各省房价均值采用的是国家统计局数据。

（四）描述性统计

在剔除所需变量的残缺值和房价收入比、消费等相关变量的异常值后，保留了 17440 个城市家庭作为实证检验的研究样本，变量描述性统计结果如表 3-2 所示。

表 3-2　　　　　　　　　　　总体描述性统计

变量名称	均值	标准差	最小值	最大值
consump	16. 07	0. 98	11. 61	20. 60
consume	12. 03	2. 64	6. 59	19. 93
ratio	10. 86	7. 56	2. 13	35. 58
gender	0. 50	0. 50	0. 00	1. 00
age	52. 28	13. 78	17. 00	97. 00
edu	4. 23	1. 72	1. 00	9. 00
marriage	0. 93	0. 26	0. 00	1. 00
health	2. 43	0. 88	1. 00	5. 00
sfxd	0. 15	0. 35	0. 00	1. 00
multiple	0. 35	0. 48	0. 00	1. 00
income	131969. 00	129907. 00	6250. 00	0. 045
asset	1. 95	6. 10	910. 00	7. 346

续表

变量名称	均值	标准差	最小值	最大值
area	1.97	1.09	1.00	4.00
mon	0.26	0.44	0.00	1.00
debt	91270.00	319929.00	0.00	0.115

（五）总体回归分析

本节分别做了房价收入比与总消费以及发展与享受资料消费的总体回归分析。由表3-3可知，房价收入比显著地抑制了城镇家庭的总消费，即对于城镇家庭来讲，房价收入比越高，消费占比就越小；而在房价收入比对发展与享受资料消费中也呈现显著的负向影响，即房价收入比越高，家庭的发展与享受资料消费也相应减少。比较两者发现，房价收入比对发展与享受资料消费的影响程度要大于对总消费的影响，说明房价收入比对高层次消费的抑制作用更强。上述结论的内在逻辑满足住房的"挤出效应"，说明家庭在房价收入比增长时，出于对未来买房的顾虑而减少其他的消费。当房价收入比增大时，家庭要承担更大的在住房方面的支出，但由于城镇家庭经济有一定支撑基本消费的能力，相对于高层次的消费而言基础性消费又是不可避免的，因此，城镇家庭偏向于更多地节省一定的发展与享受资料消费，使得家庭负担减少。同样，朱绍学（2022）用31省份面板数据也实证了高房价对消费升级具有束缚作用，并且表明从线性层面来看，房价对消费升级具有显著束缚作用；而从非线性层面来看，随着经济发展水平的提升会呈现出先增强后减弱的趋势。

表3-3　　　　　　　　　　　　　　总体回归分析

变量名称	consump	consume
ratio	-0.007 *** (-10.210)	-0.009 *** (-5.230)
gender	-0.036 *** (-4.040)	-0.073 *** (-2.910)
age	0.000 (-0.770)	-0.020 *** (-20.190)

变量名称	consump	consume
edu	0.058 *** （-19.430）	0.169 *** （-20.040）
marriage	0.112 *** （-6.560）	0.233 *** （-4.850）
health	0.020 *** （-3.780）	-0.040 *** （-2.670）
sfxd	0.043 *** （-3.390）	0.138 *** （-3.850）
multiple	0.132 *** （-13.850）	0.480 *** （-17.850）
income	0.000 *** （-44.870）	0.000 *** （-24.730）
asset	0.000 *** （-8.420）	0.000 *** （-4.970）
area	-0.076 *** （-17.300）	-0.101 *** （-8.180）
Constant	10.692 *** （-292.670）	8.309 *** （-80.790）
观测值	17440	17440
R^2	0.262	0.194

注：***、**、*分别表示在1%、5%、10%的显著性水平下显著，括号内为标准误差。

三、异质性分析

（一）区域异质性分析

将区域分为东部、西部、中部、东北部四个部分进行异质性分析，区域异质性分析结果如表3-4所示，可以看出，东部、西部、中部地区在房价收入比对总消费的影响中都呈现显著性负相关，在发展与享受资料消费方面西部地区只在5%水平呈现显著性，且房价收入比对消费的影响程度在东部、中部地区皆比西部地区高；从消费间的对比中可知，房价收入比对发展与享受资料消费的影响程度均高于总消费。由此可知，东部、中部地区中城镇家庭对于房价变动的影响更加敏感，挤出效应也越大，越需要紧迫地解决房价和消费之间的问题来促进消费加速增长。值得注意的是，东北部地区房价收入比对总消费的影响虽无显著影响，但房价收入比对发展与享受资料消费的影响在1%处呈现显著正相关，即随着房价收入比的增长，家庭用于消费支出的占比也越高。原因可能是原来东北经济发达，许多人占有大量房产，后来省内人口流失，大量的空置房子用于出租以此作为财富增长高层次消费，富有的群体越富有，无房或者贷款买房的群体也愿意更多倾向于消费。另外，房价的上升会使无房者或者预购房者减少消费支出而去存储资金，以此增长了房产的挤出效应。

表 3 - 4　　　　　　　　　　　　　区域异质性分析结果

变量名称	consump				consume			
	东部	西部	中部	东北部	东部	西部	中部	东北部
ratio	-0.010 *** (-0.001)	-0.006 *** (-0.001)	-0.012 *** (-0.002)	-0.002 (-0.002)	-0.019 *** (-0.002)	-0.011 *** (-0.004)	-0.017 *** (-0.005)	0.022 *** (-0.007)
控制变量	YES	YES	YES	YES	YES	YES	YES	YES
观测值	7866	3409	2880	2197	7866	3409	2880	2197
R^2	0.308	0.264	0.237	0.287	0.237	0.163	0.182	0.225

注：*** 、** 、* 分别表示在1%、5%、10%的显著性水平下显著，括号内为标准误差。

（二）年龄异质性分析

为研究房价收入比对总消费、发展与享受资料消费的影响是否会随着年龄的增长而改变以及呈现怎样的趋势变化，本节根据不同年龄段人群的相关情况，将年龄分为两个层次：青壮年（20～45岁）和中老年（46～75岁），回归结果见表3-5。从总结果上看，不管是青壮年群体还是中老年群体，在房价收入比对总消费的影响中都呈现负相关，且对发展与享受资料消费比对总消费的影响程度更深；横向对比可知，在总消费方面，青少年群体比中老年群体影响更明显，而在发展与享受型消费方面亦是如此。这可能是由于房价的持续上升导致现在的较多青少年群体买不起房，而且青少年这个年龄阶段大多有家庭要照料，房子的需求也比较大，因此，面对房价的上涨，不管是总消费还是高层次的消费上都会产生挤出效应。而中老年群体有了一定的经济存续或者已经有了房子，不再对房价的变化有较大的反应。

表3-5　　　　　　　　　　　年龄异质性分析结果

变量名称	consump		consume	
	青少年	中老年	青少年	中老年
ratio	-0.009^{***} (-0.001)	-0.008^{***} (-0.001)	-0.020^{***} (-0.003)	-0.010^{***} (-0.002)
控制变量	YES	YES	YES	YES
观测值	5299	11053	5299	11053
R^2	0.305	0.250	0.209	0.143

注：***、**、*分别表示在1%、5%、10%的显著性水平下显著，括号内为标准误差。

(三) 受教育程度异质性分析

为研究房价收入比对不同受教育程度的群体的总消费和发展与享受资料消费的影响，本节将受教育程度从1~9分为了三个阶段：初等教育（包括小学及以下）、中等教育（包括初中、高中、中专或职高）和高等教育（包括大专或高职、本科、硕士研究生和博士研究生）。对受教育程度不同的各群体进行异质性分析（见表3-6）。从总体结果上面看，房价收入比对各不同等级教育程度的群体的消费都呈现负相关影响；由组内对比可知，房价收入比对发展与享受资料消费的影响在受过初等教育的群体中虽然只在10%处显著，但在总消费方面，受过初等教育的群体对房价收入比的变动更敏感；而受过高等教育的群体在发展与享受资料消费方面受房价收入比的影响程度最大。分析可能是因为受过高等教育的群体由于受到的教育程度更高从而可以有高收入的职位，拥有较可观的工资，更加注重自身的发展需求，他们有足够的能力支持基础性消费，而在高层次消费中同样有大量的支出，一旦房价收入比增加，不会对基础性消费产生相对较大的影响，但发展与享受资料消费会大大减少。而受过中等教育的群体虽然有一定的资金买房但资金又不够高，所以预备买房的家庭不管是在总消费还是发展与享受资料消费上都会随着房价收入比的增长而减少。对于受过初等教育的群体来讲，由于经济能力较弱，面对房价收入比的增长会明显地降低消费，而发展与享受资料消费在生活总消费中并没有占很大的比例，所以即使房价收入比增加，对高层次的消费影响也不是很大。

表 3 - 6　　　　　　　　　　　受教育程度异质性分析结果

变量名称	consump			consume		
	初等教育	中等教育	高等教育	初等教育	中等教育	高等教育
ratio	－ 0. 011 *** （ － 0. 002 ）	－ 0. 007 *** （ － 0. 001 ）	－ 0. 009 *** （ － 0. 001 ）	－ 0. 009 * （ － 0. 005 ）	－ 0. 010 *** （ － 0. 002 ）	－ 0. 028 *** （ － 0. 004 ）
控制变量	YES	YES	YES	YES	YES	YES
观测值	1895	9764	4693	1895	9764	4693
R^2	0. 265	0. 195	0. 299	0. 111	0. 123	0. 187

注：***、**、* 分别表示在 1%、5%、10% 的显著性水平下显著，括号内为标准误差。

四、稳健性检验

本节参考冯钰和姚玲珍（2022）已有的检验方法，在保持其他变量不变的情况下随机抽取 80% 的样本重新进行回归分析。在上述实证分析部分将总收入数据进行回归估计，而总收入与房价收入比存在一定的关系，为了确保结果的稳健性，特将总收入剔除后再重新进行回归估计，稳健性检验结果如表 3 - 7 所示。通过数据分析可知：房价收入比对总消费和发展与享受资料消费都呈现显著负相关影响，且房价收入比对发展与享受资料消费的影响程度比对总消费的影响更深，与前面结论一致且抑制系数有所提高，说明模型稳健。

表 3 - 7　　　　　　　　　　　稳健性检验回归结果

变量名称	剔除 income		选取 80%	
	consump	consume	consump	consume
ratio	－ 0. 015 *** （ － 0. 001 ）	－ 0. 024 *** （ － 0. 002 ）	－ 0. 008 *** （ － 0. 001 ）	－ 0. 011 *** （ － 0. 002 ）
控制变量	YES	YES	YES	YES

变量名称	剔除 income		选取 80%	
	consump	consume	consump	consume
观测值	16352	16352	13094	13094
R^2	0.174	0.16	0.263	0.189

注：***、**、* 分别表示在1%、5%、10%的显著性水平下显著，括号内为标准误差。

五、影响机制分析

住房负担对总消费、发展与享受资料消费的影响有可能会通过中介效应达成。以此提出假设：住房负担会通过住房公积金、总负债间接影响总消费、发展与享受资料消费。基于上述假设，本节将利用中介效应的分析模型来检验住房公积金和总负债在房价收入比对总消费、发展与享受资料消费影响的中介作用。中介效应分析模型如下：

$$\text{consump/consume} = a_0 + a_1 \text{ratio} + a_2 k \qquad (3-3)$$
$$\text{mon} = b_0 + b_1 \text{ratio} + b_2 k \qquad (3-4)$$
$$\text{hpf} = c_0 + c_1 \text{ratio} + c_2 k \qquad (3-5)$$
$$\text{consump/consume} = g_0 + g_1 \text{ratio} + g_2 \text{mon} + g_3 k \qquad (3-6)$$
$$\text{consump/consume} = h_0 + h_1 \text{ratio} + h_2 \text{debt} + h_3 k \qquad (3-7)$$

其中，式（3-3）为式（3-1）、式（3-2）的简写合并，consump 是指总消费，consume 是发展与享受资料消费，mon 代表住房公积金，debt 代表总负债，k 代表性别、年龄等其他控制变量，其他控制变量与前文阐述一致，因此这里不再重复说明。

本节从公积金和总负债两个角度来分析房价收入比对消费的影响作用机制，具体见表3-8、表3-9。

表3-8 房价收入比对总消费影响机制分析

变量名称	（1）consump	（2）mon	（3）consump	（4）debt	（5）consump
ratio	-0.007*** (-0.001)	-0.003*** (0.000)	-0.006*** (-0.001)	1107.808*** (-328.778)	-0.007*** (-0.001)

续表

变量名称	（1）consump	（2）mon	（3）consump	（4）debt	（5）consump
mon			0.029 ** （-0.012）		
debt					0.000 *** （-0.009）
控制变量	YES	YES	YES	YES	YES
Constant	10.692 *** （-0.037）	0.263 *** （-0.023）	10.685 *** （-0.037）	43529.236 ** （-18642.600）	10.689 *** （-0.037）
观测值	17440	17440	17440	17440	17440
R²	0.262	0.322	0.263	0.135	0.264

注：***、**、*分别表示在1%、5%、10%的显著性水平下显著，括号内为标准误差。

表3-9 　　　　　房价收入比对发展与享受资料消费影响机制分析

变量名称	（1）consume	（2）mon	（3）consume	（4）debt	（5）consume
ratio	-0.009 *** （-0.002）	-0.003 *** （0.000）	-0.009 *** （-0.002）	1107.808 *** （-328.778）	-0.010 *** （-0.002）
mon			0.202 *** （-0.034）		
debt					0.000 （0.000）
控制变量	YES	YES	YES	YES	YES
Constant	8.309 *** （-0.103）	0.263 *** （-0.023）	8.256 *** （-0.103）	43529.236 ** （-18642.600）	8.306 *** （-0.103）
观测值	17440	17440	17440	17440	17440
R²	0.194	0.322	0.195	0.135	0.194

注：***、**、*分别表示在1%、5%、10%的显著性水平下显著，括号内为标准误差。

结合表3-8、表3-9分析可知，在总消费中，（2）列结果在1%的水平下显著，表明随着房价收入比上涨，拥有住房公积金的家庭会减少，即更少的家庭办理住房公积金，分析原因可能是房价收入比上升会使家庭减少买房或者买房的打算，从而不愿意办理住房公积金的缴纳。（3）列的检验结果在5%水平下通过显著性检验，表明拥有住房公积金的家庭会增加消费支出，分析原因可能是拥有住房公积金的家庭因为缴纳住房公积金而有买房保障或支取住房公积金后将拥有更多的家庭收入，从而增加家庭消费。发展与享受资料消费检验结果相似，且住房负担通过住房公积金间接影响发展与享受资料消费的程度更深。由两表的（1）~（3）列可以看出不仅是间接效应显著，直接效应也呈显著状态，并且 b_1g_2 和 g_1 显示同号，说明存在显著的部分中介效应。在总消费中，（4）列结果在1%水平下呈显著正相关，表明随着房价收入比上涨，家庭总负债也呈上升趋势，这与实际相符，说明住房负担越大，家庭的负债压力也就越大。按照温忠麟和叶宝娟（2014）研究方法，（5）列中 c_1h_2 和 h_1 显示异号，说明存在遮掩效应。（5）列中总负债对发展与享受资料消费无显著影响，按照因果逐步回归法用Bootstrap法检验，结果如表3-10所示，Bootstrap 95%CI 不包含0（[-0.002，-0.001]），表明存在间接效应，与总消费相似，总负债在房价收入比对发展与享受资料消费中存在遮掩效应。比较分析两表的（1）列和（5）列可得，总负债对发展与享受资料消费的抑制作用更强。结果表明，房价收入比会通过住房公积金、总负债间接影响总消费、发展与享受资料消费。其中，住房公积金在住房负担对城镇家庭消费的影响中存在部分中介效应，且对发展与享受资料消费影响程度更大；总负债强化了住房负担对城镇家庭消费的抑制，起到遮掩作用，且对发展与享受资料消费抑制作用的强化力度更大。

表3-10　　　　　　总负债在房价收入比对发展与享受资料
消费影响中的Bootstrap分析

项目	效应值	标准误	Bootstrap 95% CI		占总效应比率
			上限	下限	
总效应	-0.026	0.002	-0.03	-0.023	
直接效应	-0.025	0.002	-0.028	-0.021	
间接效应	-0.002	0.001	-0.002	-0.001	7.692%

六、结论与建议

消费对经济增长的作用越来越显著，在新时代加快推动社会转型升级中十分重要。近年来我国通过对房价进行合理调控，不仅进一步促进了房产市场持续稳健发展，对家庭的消费也产生了重要的影响。通过本节分析可知：第一，住房负担对总消费和发展与享受型消费都呈现显著负相关，且住房负担对发展与享受资料消费影响程度比总消费程度更深。第二，在东北部地区，住房负担对总消费、发展与享受型消费存在显著正相关影响，区别于东部、中部和西部地区。第三，青壮年群体在房价上涨时对消费影响的显著性更大；受过高等教育的群体在房价收入比上升时对发展与享受资料消费的影响相对于受过中、低教育程度群体更为显著。第四，住房负担会通过住房公积金、总负债间接影响总消费、发展与享受资料消费。

据此提出以下建议：第一，由于房价对消费存在挤出效应，过高的房价会对经济产生负面的影响，所以国家必须控制房子大量买入作为投资而非用于居住的属性，加快发展城镇租赁型住房来解决社会住房问题，特别是对于涌入城镇的劳动人口，应将租房的权力更多地掌握在政府手中，利用国家的调控进行整体规范引导。不仅如此，近年来，政策推进国内消费转型升级的效果明显，而随着房价对高层次消费的影响越来越显著，加大对房价的调控力度还能促进高层次消费的增加，推动消费升级目标的进一步实现。第二，房价收入比对消费的影响结果具有区域的差异性，比如东北部地区的房价收入比和发展与享受资料消费呈正相关，虽然分析的原因是和日本存在关系，但之前东北部地区经济曾一度萧条，经过新时代的改革即使有所回升，仍存在一些问题，笔者认为仍需对东北部地区再进行一次规模性调查，以此找到相应的对策促进东北部地区再一次发展。因地制宜，均衡调控，平衡发展是十分重要的，不同的地区需要根据研究分析的结果采用不同的方法。第三，青少年群体的消费特别是高层次的消费受房价收入比的影响很大，而青少年群体又是社会劳动力和经济进步的主力军，所以更要加快解决住房问题，降低房价，使更多的群体买得起房，促进社会和谐进步，向着更高层次的高质量消费方向发展。包括占社会多数的中等收入群体亦是如此，降低房价会使更多的人买得起房，进而促进消费的增长。第四，国家要根据市场的经济和群体的异质性实行不同的政策，要使得房产和消费保持平衡，有序发展，可以通过对住房公积金调控的财政政策或者控制合理的个人贷款比率，促进社会的消费发展和升级。

第二节　住房负担对流动人口生育意愿的影响

一、相关理论

（一）生育意愿

生育意愿是影响生育行为的一个重要参考因素，它反映了个体或者家庭对孩子的态度，也反映了人们对生育问题、生育行为的看法和趋势。一般认为，一个人的生育率或者生育水平会受到外界环境的影响，包括经济条件与生育观念等，从而产生一种主观的生育意愿。这种生育的主观意愿是一个家庭转化为实际生育行为的前提（顾宝昌，2011）。徐天琪和叶振东（1994）指出，生育意愿是指在受到政策及社会环境的影响后，在生育孩子方面的愿望与需要。生育意愿包含生育意愿数量、性别偏好和生育时间（杨菊华，2011）。理想的生育率或理想生育率的男性和女性的数目，仅能衡量其数量水平，而无法直接地衡量其性别偏好。本章对生育意愿的研究基于国家卫生健康委员会发布的2018年全国流动人口动态监测调查数据，其中，"生育意愿"仅代表近两年内是否有生育的想法。

（二）单独二孩

"单独二孩"政策，指的是允许一方是独生子女的夫妻生育两个子女，计划生育政策允许二孩的数量，而不是指胎数，第一胎是双胞胎，就不能再生。党的十八届三中全会通过的"单独二孩"政策正式出台后，从2014年起，我国全面推行了"单独二孩"。

（三）全面二孩

"全面二孩"政策，是指在全国范围内，为应对人口老龄化而采取的一项措施，全国范围内的夫妻都能生两个子女。"全面二孩"是我国在新的经济和社会发展形势下，为解决人口问题作出的一项重大决定。"一对夫妻可以生两个孩子"的政策在2016年1月1日正式实施。

二、住房负担对生育意愿影响的研究基础

越来越多的研究表明，住房和住房市场会影响各种行为和结果。阿塔莱·卡迪尔、李昂、惠兰·斯蒂芬（Atalay Kadir, Li Ang, Whelan Stephen, 2021）认为房价的变化会影响家庭的生育意愿和结果。房价上涨与房主生育孩子的可能性和意图更高有关。房价上涨的正财富效应对已婚抵押贷款持有人的生育率和生育意愿影响最大；相比之下，房价上涨降低了有孩子的私人租房者的生育意愿。卡迪尔和史蒂芬森等（2021）利用澳大利亚丰富的微观面板数据，估计了房价变动对生育意愿和生育结果的影响，认为住房和住房市场影响着各种行为和结果，分析表明，生育意愿与住房财富的增加正相关，积极的住房财富效应对生育意愿影响最大。相比之下，有证据表明，房价上涨降低了有子女的私人租房者的生育意愿。周和郭（Zhou & Guo, 2020）使用多层次分析框架研究发现，男性、年轻并且较富裕的移民、少数民族、从农村地区移民的个人、第一个孩子是女孩的人、第一个孩子出生后 5 年的移民以及生活在经济欠发达城市的移民更有可能表达生第二个孩子的意图。此外，他们的研究建立了房屋所有权与生育意愿之间的相关性。与租房的移民相比，在目的地城市拥有自己房屋的移民表示生第二个孩子的意愿较低。他们提出了一个关于房屋所有权与降低生育率意图之间这种违反直觉的关系的主张：房屋所有权和生育争夺在中国社会经济处于不利地位的移民的有限财政资源。

从国内近几年的生育情况来看，住房负担是影响生育率的重要因素。李勇辉、沈波澜和李小琴（2021）验证了"安居"对生育意愿的溢出效应，为新时代我国通过深化住房制度改革来实现"住有所居"，进而促进生育意愿释放、跨越"低生育率陷阱"提供了经验证据。唐重振和何雅菲（2018）研究发现：住房负担对初育家庭生育决策呈现出正向激励效应；住房负担对再育家庭生育意愿产生挤出效应。此外，控制变量收入对于住房负担具有一定的补充作用和替代作用，增强了家庭生育意愿；年龄、婚姻、户籍、教育水平和工作经验对初次生育家庭与再次生育家庭的生育决策影响不一致。吕碧君（2018）研究显示：祖父母在孙辈照料上的支持能够有效提升城镇妇女的二孩生育意愿，但这种促进作用会受到居住条件和赡养负担的影响，即只有在居住不存在困难时，祖父母支持才会提高妇女生育二孩的意愿，而且这种效用对有兄弟姐妹的夫妇更加明显。据此，只有减轻成年子女的赡养负担、解决儿童公共看护

场所覆盖不足的问题，才能在当前"421"家庭结构趋于普遍的情况下，缓解低生育水平的延续。李伟华（2018）的研究结果主要分为以下几点：一是拥有住房产权对居民生育意愿有显著的正向影响。分区域看，东部有房产对居民生育意愿存有显著的正向影响，中、西部地区有房产对居民生育意愿的正向影响不显著；二是房产数量对居民生育意愿有显著正向影响，中西部有正向影响，但不显著；三是居民现有住房面积对居民生育意愿有显著正向影响，住房面积大说明家庭财富多，能给予居民生育的条件，房子面积越大就更有利于抚养孩子。朱安琪（2017）研究发现：随着社会经济的快速发展，收入、文化程度、子女结构三个因素会对流动人口的生育决策产生重要影响。同时，由于新型城镇化的发展，流动人口在职业选择、生活环境和生活方式等方面发生变化，也会对他们新生育观念的塑造产生影响。要想提高生育意愿，缓解老龄化的压力，保障可持续的人口红利，就须在放开二孩政策的背景下，保证生育配套措施健全与完善，以解决流动人口生育的后顾之忧。梁土坤（2018）研究发现：流动人口生育意愿呈现由传统向现代转化的特征，其期望生育子女数减少，男孩偏好弱化，并存在显著的代际差异；而就业类型、生育保险、住房产权等经济适应因素，以及对流入地城市生活水平的满意度、定居意愿等心理适应因素对流动人口生育意愿具有显著的反向影响；然而，居住质量、与本地人交往的频繁程度等社会适应对流动人口生育意愿具有显著的正向作用。此外，性别、年龄、户口性质、学历等个体特征因素也对其生育意愿具有显著影响。总之，目前国内有关生育意愿的研究比较全面，包括了不同对象、不同影响因子、不同区域和不同政策。本章以国内外文献作为参考，结合最新资料，探讨了住房负担对不同群体流动人口生育意愿的影响，进而更好地了解其与城市定居之间的关系。

三、理论分析

新家庭经济理论的研究范围很广，包括生育行为、婚姻状况、就业计划与家庭劳动分工等。在家庭决策中，引入了时间机会成本，家长经过全面考虑后，在子女出生的时间与数量问题上作出了抉择。如果说家庭的生育行为是一种生命生产的行为，那么抚养孩子就会花费大量的人力、财力和时间，而养育孩子同样也会给家长带来精神上的满足。传统的经济学家同意"增加家庭收入会促进人们的生育欲望"的观点，但是在发达国家，由于妇女不断地加入劳动大军，家庭收入增长，生育率下降。加里·贝克尔在理论上增加了一个条件，即儿童的"价格"。养育子女的总费用包含了直接费用和机会费用，随着家庭成员的收入增加，机会费用也随之增加，特别是妇女。在发达国家，生产力发展，生产模式改变，导致了生育意愿和生育率下降。而在发展中国家，特别是贫穷地区，子女是家庭的主力，他们的子女越多，劳动力就越多；并且工资越低，养育孩子的成本就越低，他们的生育意愿就越强；生育率越高，这些国家的人口就越多。而在发达国家，养育孩子的"价格"比较高，孩子不仅不能成为家庭的劳力，还需要花费很多的时间和精力，所以，他们的生育率相对较低，并且在很长一段时期内都是低生育率，他们主要把钱花在了提高现有孩子的教育、改善住房水平和其他方面，从而提高了家庭整体的生活水平。

基于二孩政策和新家庭经济理论提出假设：

假设1：对于流动人口中的初育群体来说，住房负担对其生育意愿没有影响。

假设2：在二孩政策影响下，住房负担对于流动人口的再育意愿呈正向显著关系。

假设3：年龄对流动人口生育意愿的影响呈倒"U"形。

由于实际情况的影响，初育人群和再育人群的生育意愿存在差异，故将样本分为初次生育和再生育两个样本，以防止样本选取造成的伪回归。

四、实证分析

(一) 模型构建

模型的因变量——生育意愿分为"愿意"和"不愿意"两类，是二分变量。所以，本章采用二分类因变量的 Logistic 回归建立生育意愿模型。Logistic 回归模型是一种最适用于在有限资源条件下的群体差异的数学模型，其优势在于：模型测试不限制数据类型，不假设变量服从多元正态分布，并且建立在数据挖掘的基础上，将研究推理以事件发生概率的形式表示出来。为此，设计如下基准模型：

$$Birth = \alpha + \beta_1 H + \beta_2 X + \mu \tag{3-8}$$

其中，Birth 指流动人口的生育意愿，H 代表被访者的住房负担（住房支出占家庭总支出的比重），X 代表控制变量，μ 是指误差项。

（二）数据与变量

本章使用的数据（有特别说明的除外）均来源于 2018 年"全国流动人口动态监测调查"数据，该调查根据流动人口服务管理工作和政策研究的需要，调查的是在流入地居住 1 个月及以上，非本区（县、市）户口的 15 岁及以上的流入人口，按照随机原则在全国 31 个省（区、市）和新疆生产建设兵团流动人口较为集中的流入地抽取样本点，采用 PPS 方法开展抽样调查。该调查包括今明两年是否再生、住房支出、月总支出、月总收入、年龄、子女数量和流动范围等受访者的其他个人信息。

本节主要研究住房负担对流动人口生育意愿的影响，经统计，用于研究生育意愿的有效样本 23155 个，均是 18～45 岁的适龄妇女。因此，被解释变量是生育意愿，解释变量是住房负担，控制变量主要是年龄、年龄的平方、结婚年限、流动范围等。根据已有相关文献的梳理和借鉴，涉及各变量的说明如下：

1. 解释变量

住房负担。随着房价的不断上涨，住房支出渐渐成为家庭支出的主要方面，住房负担的大小对于流动人口的生育意愿产生影响，本章将每个家庭的住房支出占家庭总支出比重作为住房负担的替代变量。

2. 被解释变量

生育意愿。对于生育意愿的调查是关于今明两年的生育意愿，其答复分别为"是""否"。因此本章将"是"设为 1，将"否"设为 0。

3. 控制变量

本章以年龄、年龄平方、婚姻年数、流动范围为控制变量，以解决自变量与因变量之间的内在关系。具体的变量定义如下：

（1）年龄。随着年龄增长，养育孩子的费用也随之增长。一方面，从经济角度来说，随着年龄的增长，个人的收入和时间成本也会随之增长；另一方面，随着年龄的增长，女性的生育风险也会随之增加。本章根据调查问卷中被采访人的出生年月，推算出其实际年龄，将年龄区间设置在 18～45 岁。

（2）结婚年限。研究的是生育意愿，因此调查对象是初婚或者再婚的对象，采用结婚年数度量，用初婚年至 2018 年的年数作为测量值。

（3）流动范围。本节将流动范围分为跨省流动和省内流动，跨省＝1，省内＝0。

（三）样本特征统计分析

1. 初育样本特征

（1）不同年龄的流动人口的再育意愿。18～25 岁的初育意愿是 82.24%，26～30 岁的初育意愿最高，达 89.94%，之后依次降低，31～35 岁的初育意愿为 87.70%，36～40 岁的初育意愿为 70.43%，41～45 岁的初育意愿最低，为 34.78%，如表 3－11 所示。随着年龄的增加，流动人口初育意愿也下降。

表 3－11　　　　　　　　不同分类样本流动人口初育意愿比例

样本分类		生育意愿（%）
年龄	18～25 岁	82.24
	26～30 岁	89.94
	31～35 岁	87.70
	36～40 岁	70.43
	41～45 岁	34.78
流动范围	省内	87.72
	跨省	83.48
结婚年限	5 年以下	88.10
	5～10 年	84.40
	11～15 年	53.45
	16 年以上	42.11

（2）不同流动范围的流动人口的再育意愿。省内流动人口的初育意愿大于跨省流动人口的初育意愿，但两者差距不大，初育意愿都很强烈。省内流动人口的初育意愿为 87.72%，跨省流动人口的初育意愿为 83.48%。

（3）不同结婚年限的流动人口的再育意愿。结婚年限越长，流动人口的生育意愿就越低，这一结论符合现实规律，一个家庭中，生育意愿最强的时候是在结婚期限5年以内的时候，达88.10%，随着结婚年限的增加，结婚15年以上的初育意愿最低，为42.11%。

如表3-11所示，对于流动人口中的初育群体来说，从每个样本来看，其生育意愿都很强烈。对于大多数家庭来说，初育是家庭生活中的刚性需求，其他外部因素对于一个家庭想要第一个孩子的影响不大。

2. 再育样本特征

（1）不同年龄的流动人口的再育意愿。不同年龄的再育流动人口在生育意愿上有显著性差异。如表3-12所示，18~25岁的再育意愿最高，达19.24%，41~45岁的生育意愿最低，达1.34%。随着年龄的增加，流动人口的再育意愿也处于下降的状态。26~30岁的再育意愿为15.17%，31~35岁的再育意愿为10.90%，36~40岁的再育意愿为5.60%，41~45岁的再育意愿最低，为1.34%。

表3-12　　　　　　　　不同分类样本流动人口再育意愿比例

样本分类		生育意愿（%）
年龄	18~25岁	19.24
	26~30岁	15.17
	31~35岁	10.90
	36~40岁	5.60
	41~45岁	1.34
流动范围	省内	5.41
	跨省	6.41
结婚年限	5年以下	16.57
	5~10年	13.91
	11~15年	6.47
	16年以上	1.54

（2）不同流动范围的流动人口的再育意愿。省内流动人口的再育意愿小

于跨省流动人口的再育意愿，但两者差距不大，再育意愿都很弱。省内流动人口的再育意愿为 5.41%，跨省流动人口的再育意愿为 6.41%。

（3）不同结婚年限的流动人口的再育意愿。结婚年限越低，再育意愿越高，5 年以下的流动人口的再育意愿比例最高，为 16.57%；5～10 年的流动人口的再育意愿比例为 13.91%；11～15 年的流动人口的再育意愿为 6.47%；15 年以上的流动人口再育意愿比例最低，为 1.54%。由此推出，结婚年限越短，再育意愿越强烈。

五、实证结果

（一）初育样本实证结果

前文从理论上阐述了住房负担与生育意愿之间的关系。很明显，目前我们还无法对房屋开支与生育意愿之间的联系给出明确的结论，因为不仅是住房开支，还有其他的原因。对这一问题，我们还需要用一个计量模型来进行深入的研究。

针对初育群体，建立两个模型如下：

模型 1：初育意愿 = $\alpha + \beta_1$ 住房负担 + μ。

模型 2：初育意愿 = $\alpha + \beta_1$ 住房负担 + β_2 控制变量 + μ。

根据模型对数据进行 Logit 回归，得出住房负担与初育意愿的计量结果，见表 3-13。

表 3-13　　　　　　　　　住房负担与初育意愿的计量结果

初育意愿	模型 1	模型 2
住房负担	0.588 *	0.206
年龄		0.784 ***
年龄的平方		-0.0134 ***
结婚年限		-0.0599 **
流动范围		-0.272 **
常数	1.567 ***	-9.118 ***

注：*** 、** 、* 分别表示在 1%、5%、10% 的显著性水平下显著。

该结果显示，初育群体的流动人口在只有住房负担影响下，显著性不高，说明对于初育群体的流动人口来说，生育意愿不受住房负担的影响或者影响甚微，因此，初育群体对于第一个孩子是刚性需求，符合中国人"生儿育女""传宗接代"的传统观念。初育群体对于第一个子女是比较看重的，所以住房负担对初育群体的生育意愿影响较小。

在加入控制变量后，住房负担对初育群体的生育意愿呈现不显著性，住房负担对流动人口的初育群体没有影响，验证假设1。就控制变量而言，年龄与生育意愿呈倒"U"形，验证假设3。也就是说，在拐点出现前，随着年龄的增大，流动人口中的初育群体的生育意愿越强烈，达到拐点以后，流动人口中的初育群体的生育意愿就会随着年龄的增加而降低。结婚年限与初育群体的生育意愿呈负的显著性，也就是说，结婚年限越长，初育群体的生育意愿越低。这种情况符合人民大众的现实情况，随着社会的发展，丁克家族也是越来越多。那些结婚年限很长的人之所以还没有子女，有可能是丁克家族。当然，还有一小部分人可能是身体原因无法生育。就流动范围而言，流动范围与生育意愿呈现负的显著性，流动范围越远，初育群体的生育意愿越低。跨省流动的初育群体的生育意愿比不跨省流动的初育群体的生育意愿要低。

（二）再育样本实证结果

针对再育群体建立两个模型如下：

模型3：再育意愿 $= \alpha + \beta_1$ 住房负担 $+ \mu$。

模型4：再育意愿 $= \alpha + \beta_1$ 住房负担 $+ \beta_2$ 控制变量 $+ \mu$。

根据模型对数据进行 Logit 回归，得出住房负担与再育意愿的计量结果，见表3-14。

表3-14　　　　　　　　　住房负担与再育意愿的计量结果

再育意愿	模型一	模型二
住房负担	0.653 ***	0.385 ***
年龄		0.314 ***
年龄的平方		- 0.00557 ***
结婚年限		- 0.111 ***

再育意愿	模型一	模型二
流动范围		− 0. 266 ***
常数	− 2. 571 ***	− 5. 512 ***

注: *** 、 ** 、 * 分别表示在 1% 、 5% 、 10% 的显著性水平下显著。

该结果显示,住房负担对于流动人口中的再育群体是有显著影响的,在不加入控制变量的情况下,住房负担对生育意愿的影响呈现正显著性,说明住房负担越增加,流动人口中的再育群体的生育意愿越强烈。

在加入控制变量后,住房负担对于再育群体的生育意愿依然呈现正显著性,所以随着住房负担的增加,流动人口的再育意愿也会随之增加。因此符合假设 2,住房负担对于流动人口的再育群体呈正向显著关系。就控制变量而言,年龄与生育意愿的关系呈倒"U"形,也就是说,在拐点出现前,随着年龄的增大,流动人口中的再育群体的生育意愿变得强烈,达到拐点以后,流动人口中的再育群体的生育意愿就会随着年龄的增加而降低,验证假设 3。结婚年限跟再育群体的生育意愿呈负的显著性,也就是说,结婚年限越长,再育群体的生育意愿越低。这种情况对于再育群体来说,一种可能是考虑到当前孩子可能跟二孩年龄差距过大,或者家中的独生子女不同意等情况。当然,还有一种可能是身体原因。就流动范围而言,流动范围与生育意愿呈现负的显著性,流动范围越远,再育群体的生育意愿越低。跨省流动人口中的再育群体的生育意愿比省内流动人口中的再育群体的生育意愿要低。

六、实证结果及分析

本节基于 2018 年全国各省市流动人口动态监测调查数据,运用 Logit 模型研究住房负担对流动人口生育意愿的影响,并得到年龄、结婚年限、流动范围对两者关系的作用。研究主要发现以下三点:第一,在"全面二孩"政策背景下,住房负担对流动人口的初育意愿没有影响,并且,对于流动人口的再育意愿呈显著正相关;第二,年龄对流动人口的生育意愿影响呈倒"U"形;第三,无论初育再育,结婚年限以及流动范围与生育意愿都呈显著负相关。

因此,提出以下四点建议。

第一，加强对流动人口的住房保障。政府要逐步将流动人口纳入住房保障体系，根据流动人口的流动趋势、供需矛盾和流动人口的收入水平等因素，通过租赁住房如公租房、廉租房与产权保障房（如共有产权住房）等来满足不同层次的流动人口住房需求，助推流动人口由"寄居"向"安居"转变，为他们生育子女创造更好的住房环境。

第二，完善社会保障制度。加强基本社会保险的补助效果，并根据收入水平的高低，进行适当的社会保险制度调整。通过与商业保险的协作，构建普惠的商业医保，以补充基本医疗保险制度，加强对医保的支持。要使城乡居民摆脱"养儿防老"观念的影响，使男女人口比例达到基本平衡。

第三，提高流动人口的文化水平。文化水平的提高有助于提高流动人口的生育意愿，所以可以通过技能培训、与相关高校合作办学等途径，增加流动人口的人力资本，提高其生育意愿。在儿童教育方面，要加大基础公共服务的支持力度，合理配置幼儿保育、学前教育与中小学等公共服务，以满足新市民的需求。

第四，可以适当考虑为二孩或多孩家庭提供住房补贴，缓解二孩养育的压力。首先，健全各种优生优育政策和后续抚育措施，切实解决多孩家庭的后顾之忧；其次，加大宣传力度，鼓励群众把生育意愿转变成生育行为；最后，对于低收入家庭，适当减免生育检查费用，增加生育补助，提高托幼等抚养待遇。

第三节　住房负担对流动人口定居意愿的影响

一、住房负担对定居意愿影响的研究基础

国外学者阿德昆等（Adegun et al.，2019）认为流动人口是城镇化进程中的重要群体，其定居意向是推进城镇化或实现城镇化高质量发展的关键。研究发现，城市人才的定居意向存在差异，这是城市社会经济特征、个人流动特征和个人特征等综合因素影响的结果。流入地缺乏社会人力资本，或居住性的人才一般没有长期居住或定居意向，条件优越、宜居性高的人才，既有长期居住意向，又有定居意向；愿意定居而不愿长期停留的人才属于少数人，这一群体

考虑的主要因素是流入地的经济环境。斯通吉斯（Stranges，2021）证明，引发移民的动因不是两地"绝对收入"的差距，而是基于同参照群体比较后可能产生的"相对剥夺感"（相对收入低），因相对收入低导致迁移，并且群体的参照组会随着时间而变动，但在关于相对剥夺和移民的开创性工作之后，相对剥夺理论很大程度上被移民文献所忽视。20世纪90年代初以后，只有少数研究考察了相对收入和迁移之间的逻辑关系，且研究都发现两者之间存在积极的联系。维克多等（Viktor et al.，2020）认为，当移民相对收入的参照组为原籍地人口收入时，相对收入低对墨西哥、美国、印度境内迁移均有影响，无论是对发达国家，还是对发展中国家，相对收入低都会是移民意向的重要驱动力。低收入群体对收入分布变化的感知更为敏感，迁移率也更高，与其说他们是在追求绝对收入，不如说是想要提高相对收入，提高家庭在参照群体中的相对收入，以此来减弱剥夺感，提升获得感、幸福感。特塞（Tsai，2019）则认为，鉴于住房所有权的重要性日益增强，将流动人口的定居意愿划分为三种相互排斥的模式，即通过住房所有权实现的事实上的永久定居意愿、长期的临时定居意愿和短期的临时定居意愿。本章基于相应的微观和宏观数据，考察了城市经济发展和房价对这三种模式的影响。研究结果表明，经济发展对农民工的定居意愿具有显著的吸引力，而住房价格则削弱了农民工的实际定居意愿。

住房消费在居民家庭中占有较大比重，住房负担问题对社会发展有着较大的影响，解决住房负担问题成为推动社会发展的一个重点。从现有研究来看，许多学者在研究影响流动人口定居意愿的因素时，会把住房因素作为经济特征的一个变量进行考察，张可可和谢宇婷（2020）通过建立Logit多元线性回归方程，探讨就业质量、住房负担对高学历流动人口居留意愿的影响。研究认为文化程度高、收入高的流动人才留在流入地的生活意愿比较高，参加社会保险对于一些人来说也是留在流入地生活的一个重要原因。大城市和中等城市的住房负担对流动人口的影响更大，地级市影响不强烈。例如胡映洁和安頔（2019）以城市多样性作为城市特征的切入点构建包含个体家庭特征和流动地城市多样性特征的模型框架。作者使用的是2015年中国流动人口监测调查数据，通过Logit模型，分析了影响因素，最后得出结论：在其他因素不变的情况下，人均消费价格越分散，流动人口在当地定居的意愿就越弱。在不同群体中，受教育程度高的人和从事商贸的流动人口对城市更加敏感。城市的餐饮业种类越多，流动人口就越愿意在流入地定居生活。董昕（2015）利用中国流动人口动态监测调查和《中国城市统计年鉴》数据，对270个城市的流动人口定居意愿进行分析，发现收缩城市的流动人口定居意愿明显高于非收缩城市。作者发现收缩城市中流动人口比较多，原因是他们的家人也在流入地，跨地区的情况少。而且收缩城市中女性的比例比较高，这也是流动人口定居意愿强的原因之一。收缩城市也存在限制，例如农业户籍，文化程度低等因素会让一部分流动人口流入非收缩城市。收缩城市流动人口增多的原因是收缩城市的房价和房租相对比较低，人们的住房压力更小，他们能在收缩城市生活定居下来。因此，在有限制的情况下，作者认为收缩城市流动人口的定居意愿是比非收缩城市流动人口高的。例如刘莹（2020）认为城镇化的核心是推进人的城镇化，因此，研究占比最大的农民工群体的城镇化程度尤为关键，尤其是出生在 1980 年以后的新生代劳动力，其经济活动与流动意愿影响着我国的现代化和工业化进程。作者通过定性研究分析，最后得出的结论是：年轻一代的农民工是否在流入地定居的主要影响原因是家庭经济因素、城市当地的经济因素、当地的城市能否融合以及家庭成员能不能一起去往流入地。

综上所述，流动人口的定居意愿受多方面因素的影响，例如社会融合、房价增长率、户籍性质等。本章在现有的文献基础上，对住房负担引入住房支出与收入比变量来解释，从而探讨住房负担因素对流动人口定居意愿的影响。

二、住房负担对流动人口定居意愿影响的理论分析

一是个人特征。个人特征主要包括了个人的婚姻状况、受教育程度、性别、年龄和户口性质等，这些都是影响他们定居的比较重要的因素。类似于户口的限制，受教育程度低、离开家乡到城市打工的这些流动人口，他们的工资水平相对来说较低，这也是为什么流动人口难以选择或者说无能力选择他们自己定居城市的重要原因。而流动人口本身的低收入与高消费、高房价之间的巨大差异，也是他们不愿意定居的主要因素。

二是家庭特征。在中国人的思想中，家庭是非常重要的，其社会地位常常影响着人们的许多行为。从问卷调查中不难看出，随迁人数、婚姻状况是影响其生活方式的重要因素。60% 的居民选择长期居住，是因为他们想让自己的家庭得到更好的社会化服务，让他们的孩子接受更好的教育。对年轻人来说，婚姻状况是决定是否在这里定居的一个重要因素。

三是经济特征。很大一部分人认为一线城市发展潜力巨大，生活质量好、社会化服务好、城市环境好、公共设施完备、经济更加发达等，这些成为流动

人口选择定居的重要原因。但是，一线城市的消费较高。而江浙等新的发展热点地区也在持续吸引着外来人口，致使流动人口处于观望态度。

四是流动特征。为了生计问题，大多数人背井离乡，有跨省流动的、省内跨市的、市内跨县的，流动的时间也有长有短。流动问题必然会成为影响流动人口定居意愿的一个重要因素。而随着流动人口在城市生活的时间越来越长，他们对这个城市的了解也会越来越多，对这个城市的感情也会越来越深。流动人口在社会、制度、文化、心理等层面上都有很大的融合难度，这也是其定居意愿逐步降低的重要原因之一。

本章对住房负担因素的考察从住房支出与收入比方面来解释说明。住房负担在合理范围内能较好地反映流动人口的定居意愿，超出范围则体现为购房人的购买压力。因此，本章提出假设：第一，住房负担与流动人口流入地定居意愿之间存在倒"U"形关系，即在住房负担较低的情况下，住房负担越高，流动人口定居的意愿越高，住房负担与定居意愿正相关。第二，当住房负担较高时，比值越高，定居意愿越低，即住房负担与定居意愿负相关。根据以上假设，本章的因变量为流动人口的定居意愿，自变量为住房负担相关的因素，即住房支出与收入比，并引入流动人口的个体特征、家庭特征、经济特征以及流动特征作为控制变量，对其进行回归分析。

三、住房负担对流动人口定居意愿影响的实证分析

(一) 模型构建

因为本节所研究的因变量——定居意愿是排序变量，故建立基于 Logit 的回归模型开展实证研究。

$$SI_i = \alpha H_i + \beta X_1 + \beta X_2 + \beta X_3 + \beta X_4 + \varepsilon \qquad (3-9)$$

其中，SI_i 代表第 i 个受访者的定居意愿，H_i 代表第 i 个受访者与住房负担相关的变量，X_1 代表受访者的个体特征，X_2 代表受访者的家庭特征，X_3 代表受访者的经济特征，X_4 代表受访者的流动特征，α、β 为相应的系数，ε 为扰动项。

（二）数据与变量

1. 数据来源

和上节一样，本节实证分析数据来源于 2018 年"全国流动人口动态监测调查"数据。

2. 变量选取

因变量为流动人口的定居意愿，见表 3 - 15。自变量为住房负担相关的因素，即住房支出与收入比。对于引入的住房负担因素，即住房支出与收入比，本章主要是根据调查问卷中的"过去一年，您家在本地平均每月住房支出（房租/房贷）为多少？""单位每月包住大概折算为多少？"家庭住房支出与收入比以上述住房总支出除以家庭总收入获得。控制变量包括个人特征、家庭特征、经济特征和流动特征。在本章中，个人特征主要包括性别、年龄以及受教育程度三个变量。家庭特征主要包括婚姻状况、子女个数以及户口性质三个变量。经济特征包括收入水平。流动特征包括居留时间和流动范围两个变量。

表 3 - 15　　　　　　　　　变量选择与赋值说明

变量类型	变量名称	变量说明
因变量	定居意愿	1 = 是　2 = 否
自变量	家庭住房总支出与收入比	取对数
控制变量		
个人特征	性别	1 = 男　2 = 女
	年龄	连续变量
	受教育程度	1 = 没上过学　2 = 小学　3 = 初中　4 = 高中/职高　5 = 大学专科　6 = 大学本科　7 = 研究生
家庭特征	婚姻状况	1 = 未婚　2 = 初婚　3 = 再婚　4 = 离婚　5 = 丧偶　6 = 同居
	子女个数	0 = 0 个　1 = 1 个　2 = 2 个　3 = 3 个以上
	户口性质	1 = 农业　2 = 非农业　3 = 农转居　4 = 非农转居　5 = 居民　6 = 其他

续表

变量类型	变量名称	变量说明
经济特征	收入水平	取对数
流动特征	居留时间	1 = 0 ~ 4 年　2 = 5 ~ 9 年　3 = 10 年以上　4 = 定居
	流动范围	1 = 跨省　2 = 省内跨市　3 = 市内跨县

依据以上相关赋值选取，本节从 2018 年"全国流动人口卫生计生动态监测调查"数据中筛选出符合条件的流动人口的数据一共 152000 个，在剔除异常数据和缺失的样本之后，最终得到的样本总量为 13647 个。

（三）描述统计分析

本节选取的因变量是流动人口的定居意愿，根据调查数据，截至 2021 年，我国流动人口数量为 3.76 亿人，人口流动趋势更加明显，流动人口规模进一步扩大。解释变量主要为家庭住房总支出因素，其他控制变量包括性别、年龄、受教育程度、婚姻状况、流动年份、流动的范围、子女个数、平均每月家庭收入、平均每月住房支出等。将其中部分变量值进行处理：流动年份是以 2018 年减去来城年份，年龄是以 2018 年减去出生年份。收入和支出取对数。将所研究的定居意愿变量进行赋值。根据获得的样本数据，以上各变量的描述性统计分析结果如表 3 - 16、表 3 - 17 所示。

表 3 - 16　　　　　　类别变量的描述性统计（N = 13647）

变量名称	变量名称	均值	标准差	最小值	最大值
	定居意愿	1	0	1	1
控制变量（个人特征、家庭特征）	年龄	37.22	9.067	17	79
	受教育程度	3.727	1.208	1	7
	性别	1.409	0.492	1	2
	婚姻状况	2.159	0.633	1	6
	子女个数	1.391	0.735	0	7
	户口性质	1.655	1.007	1	6
	本次流动时间	2.575	1.283	1	4
	流动范围	1.608	0.736	1	3

表 3 – 17 连续变量的描述性统计

连续变量		家庭总收入	家庭住房总支出	家庭住房支出与收入比
样本总量	样本量	13647	13647	13647
	平均值	6.807	9.024	0.756
	方差	1.044	0.516	0.1023
	最小值	2	7	0.278
	最大值	10	12	1.192

（四）住房负担对流动人口流入地定居意愿的实证分析

1. 全样本 Logit 模型的实证分析

本节一共进行了两次全样本回归，分别得到了两个回归模型。模型 1 是将所有控制变量加进去展开回归，模型 2 则是加入了家庭住房支出与收入比这个变量来展开回归。从这两个模型的回归结果表 3 – 18 可以看出：

第一，各控制变量在模型中的显著程度和作用方向都一致，这说明了模型具有较好的稳健性；

第二，在控制变量中，可以看出婚姻状况、教育程度和子女个数变量都通过了 1% 的显著性检验，这跟大部分文献研究的结论基本是一样的，也证明了模型的可信度；

第三，引入的住房负担因素住房支出与收入比变量在 1% 的置信水平下通过了检验。

表 3 – 18 变量回归结果（全样本）

变量名 Odds Ratio		模型 1		模型 2	
		P > z	Odds Ratio	P > z	Odds Ratio
住房支出变量	家庭住房支出与收入比			706.688 ***	0.000
控制变量	年龄	0.989	0.809	0.977	0.585
	受教育程度	2.179 ***	39.30	199.864 ***	25.88

变量名 Odds Ratio		模型 1		模型 2	
		P > z	Odds Ratio	P > z	Odds Ratio
控制变量	性别	2. 946 ***	24. 64	120. 068 ***	7. 38
	婚姻状况	0. 156 *	1. 72	42. 209 ***	3. 48
	子女个数	2. 533 ***	29. 79	70. 101 ***	6. 02
	收入水平			0. 058 ***	0. 00
	本次流动时间	0. 005	0. 92	11. 973 ***	8. 17
样本观测值		13647	13647	13647	13647

注：*** 、** 、* 分别表示在 1% 、5% 、10% 的显著性水平下显著。

2. 分样本 Logit 模型的实证分析

如表 3 - 19 所示，将总体样本分为东部、中部、西部分区域进行回归分析。选取家庭住房总支出这一主要因素，结果表明：东部地区流动人口中家庭住房支出与收入比在合理范围内，受教育程度越高、子女个数越多、流动时间越长的人定居意愿越强烈，婚姻状况对东部地区的人来说显著程度低于受教育程度。中部地区家庭住房总支出越少，年龄中等且受教育程度越高、子女个数越多、收入水平越高的人定居意愿越强烈，婚姻状况和流动时间对中部地区的人来说不是非常重要。西部地区家庭住房支出越少、受教育程度越高、收入水平越高、流动时间越长，其定居意愿更强烈，婚姻状况和子女个数对西部地区的人来说低于其他因素。其可能的原因在于，当地区房价不高时，居民住房支付能力较好，更想定居下来。

表 3 - 19　　　　　　　　　　**分区域变量回归结果**

变量名		东部	中部	西部
住房支出变量	家庭住房支出与收入比	741. 097 ***	696. 759 ***	612. 870 ***
控制变量	年龄	4. 499	17. 072	7. 335
	受教育程度	272. 286 ***	97. 356 ***	103. 922 ***
	性别	132. 121 ***	31. 242	164. 892 ***

续表

变量名		东部	中部	西部
控制变量	婚姻状况	36. 613 **	57. 830 *	54. 589 **
	子女个数	66. 634 ***	88. 695 ***	46. 362 **
	收入水平	0. 062 ***	0. 056 ***	0. 029 ***
	本次流动时间	12. 060 ***	9. 408 **	8. 277 ***
样本观测值		6637	3288	3722

注：*** 、** 、* 分别表示在 1%、5%、10% 的显著性水平下显著。

如表 3 - 20 所示，分析住房负担因素对不同年龄分组流动人口定居意愿的影响，结果表明，45 岁及以下和 45 岁以上都通过了 1% 的显著性检验。住房支出对流动人口定居的影响在各组之间没有显著性差异，与全样本分析的结果基本上是一致的。

表 3 - 20　　　　　　　　　　　　分年龄回归结果

变量名		模型 3（45 岁及以下）		模型 4（45 岁以上）	
住房支出变量	家庭住房支出与收入比	0. 866 ***	0. 000	0. 832 ***	0. 000
	受教育程度	- 0. 607 ***	10. 32	0. 300 **	2. 17
	性别	1. 355 ***	10. 89	1. 141 ***	4. 18
	婚姻状况	0. 257 ***	2. 62	0. 424 **	2. 19
	子女个数	2. 146 ***	22. 26	0. 339 **	2. 12
	收入水平	0. 000	0. 36	0. 000	0. 61
	本次流动时间	0. 311 ***	24. 10	0. 021	1. 31
样本观测值		6637	0. 227	7010	0. 255

注：*** 、** 、* 分别表示在 1%、5%、10% 的显著性水平下显著。

如表 3 - 21 所示，高中及以下和高中以上都通过了 1% 的显著性检验。从表 3 - 21 中可以得知，家庭住房支出与收入比变量对流动人口定居意愿的影响在高中及以下和高中以上两组间的差异不大，与全样本分析的结果也是一致的。受教育程度高的流动人口相比于受教育程度低的流动人口更愿意在流入地定居生活。

表 3 - 21　　　　　　　　　　　分受教育程度回归结果

变量名		模型 5（高中及以下）		模型 6（高中以上）	
住房支出变量	家庭住房支出与收入比		15. 16		11. 58
	年龄	- 0. 021 ***	- 28. 22	0. 005 ***	3. 19
	性别	- 0. 185 ***	- 13. 83	- 0. 013	- 0. 67
	婚姻状况	- 0. 060 ***	- 6. 13	- 0. 061 ***	- 3. 43
	子女个数	- 0. 152 ***	- 16. 48	- 0. 136 ***	- 8. 40
	收入水平	0. 000 ***	13. 42	0. 000 ***	12. 86
	本次流动时间	- 0. 003 **	- 2. 45	0. 008 ***	3. 64
样本观测值		10234	0. 149	3413	0. 069

注：***、**、*分别表示在 1%、5%、10% 的显著性水平下显著。

从控制变量的分组回归分析结果来看，受教育程度和子女个数这两个控制变量，在年轻一代流动人口的回归中影响显著，在老一代流动人口中影响不明显。那么我们可以认为，老一代流动人口的受教育程度和年轻一代流动人口最大的不同点是年轻人群受教育水平普遍提高。在年轻一代流动人口中，文化程度更高的流动人口，他们的定居意愿更强烈。另外，从子女个数上来看，老一代流动人口的孩子大多数年龄较大，有不少已经成年，有独自生活和挣钱的能力。所以，子女因素对老一代流动人口定居意愿的影响作用随年龄增长而减弱，但是在年轻一代流动人口中，很多流动人口自己本身可能就是未成年人，或者他们的孩子还处于比较年幼的阶段，没有经济能力，需要父母照顾，因此呈现出了更显著的影响。

四、实证结果及分析

目前，各地区的房价与房租的变化，已经成为流动人口是否愿意在流入地定居的重要影响因素。住房负担与流动人口城市定居意愿呈倒"U"形关系，在中国，住房支出与收入比在合理范围内且较低时，比值越高，流动人口在流入地的定居意愿越强。当住房支出与收入比超出合理范围时，其比值越高，流动人口定居意愿越低，压力越大。不同收入人群定居意愿不同，个人收入更高的流动人口更愿意在流入地定居，个人收入比较低的流动人口在流入地定居的意愿会减少。因此，流动人口对于居民消费水平的作用还没有完全体现，受到多种因素的制约，如人口城镇化率，拉动的幅度也呈现出阶层化的特点。对此提出以下三点建议：

一是从整体上减少住房支出成本，来提高流动人口的定居意愿。一方面，改善住房建设和发放住房补助，特别是扩大住房保障覆盖面，是提高外来务工人员定居意愿的一个重要途径；另一方面，体制创新也可以促进市场提供更多经济适用房给流动人口居住，比如，通过在集体土地上兴建公共租赁住房，扩大市场上的经济住房供应，减少流动人口的购房成本，提高他们的居住意愿。

二是通过改善低收入家庭的住房质量，以此来提高他们的居住意愿。当家庭住房总支出在合理范围内时，提供居住条件较好的住房，虽然价格较高，但也能提高流动人口的住房消费意愿，从而提高他们的定居意愿。在住房支出增加不多的情况下，提高住房供应的质量也能促进更多的流动人口定居。当然还有重要的一点就是房价问题，政府应当完善房地产管理制度，让房价更加合理。同时还要规范二手房以及租赁市场，给低收入人群提供住所，减少他们的住房负担。

三是针对不同人群提供不同条件的住房，对于收入高和受教育程度高的流动人群来说，住房支出对他们的定居意愿影响不明显，他们更加需要的是一个城市对他们的吸引力，例如历史文化、发展潜力等，这部分人需要的住房更偏重房子的质量或者地理位置。

第四节 本章小结

本章基于2018年全国流动人口动态监测调查数据，运用二元Logit模型研究住房负担对流动人口生育意愿的影响，并得到年龄、结婚年限、流动范围对两者关系的作用。研究发现：第一，在"全面二孩"政策背景下，住房负担对流动人口的初育意愿没有影响，并且，对于流动人口的再育意愿呈显著正相关。第二，年龄对流动人口的生育意愿的影响呈倒"U"形。第三，无论初育还是再育，结婚年限以及流动范围与生育意愿都呈显著负相关。在此基础上，进一步研究住房负担对流动人口城市定居意愿的影响。房价与房租的上涨已经成为流动人口是否愿意在流入地定居的重要影响因素。住房支出与收入比在较低的合理范围内时，比值越高，流动人口在流入地的定居意愿越强。当住房支出与收入比超出合理范围时，比值越高，压力越大，流动人口定居意愿越低。本章基于 Logit 模型，进一步研究了住房负担对流动人口定居意愿的影响。研究发现：住房负担因素和流动人口的定居意愿两者之间存在两种关系，愿意在住房上花费更多钱的流动人口定居意愿比较高。在不同年龄分组回归中，老一代和年青一代差异不显著，在不同地区分组回归中，各地区存在差异，东部地区的流动人口定居意愿相对于中部和西部地区的流动人口来说对住房负担因素的影响更大。因此，建议因城施策，通过提供合理的房价和更好的居住条件，来促进流动人口的定居。

第四章

住房租购选择及其影响因素

流动人口日益增长的住房需求与城市住房供给不平衡、不充分矛盾是新时代解决流动人口住房的突出问题，成为学术界研究的焦点。建立完善的住房有效供应体系与长效保障机制是解决流动人口住房问题的关键，是实现流动人口与城市本地居民共生共赢、共享改革开放发展新成果的具体体现。在此背景下，本章将在系统梳理国内外住房选择相关理论与最新实证研究成果的基础上，结合我国住房市场的现实情况，构建我国城镇居民住房租购选择行为理论模型，研究流动人口住房租购选择意愿及其影响因素，并分析其内外部异质性，提出针对性的建议，促进流动人口市民化，实现住有所居。

第一节 理论基础

一、选择理论

所谓选择理论，通常是指研究消费者行为的一种理论，指消费者如何进行消费选择，其选择的依据就是效用，即消费者在多大程度上得到欲望的满足。在选择过程中，一般消费者都是基于这样一个规律性的认识：家庭或其他消费单位试图使其效用最大化。消费者可以从市场所购买的产品以及提供的服务中直接获得这种效用，当然该效用函数存在很多种影响因素，即效用是受多个因素影响的。

社会学和经济学视角的住房选择理论都是基于完全信息和利润最大化假设

的。在后续研究中，这些假设受到越来越多研究者的质疑，最为典型的是行为学派的研究者。行为学研究者认为不同的消费者对住宅的感觉和评价是不同的，必须正确区分自然环境、住房消费者行为和消费者感知的行为环境。皮肯（Pipkin，1981）、卡德沃勒德（Cadwallader，1985）等学者同样指出，行为学派假设住房消费者有时候并非满足利益最大化，会在信息不完全和不确定性的条件下作出决策。在行为环境中，诸如年龄、文化背景、社会地位、种族、宗教、要求、期望和过去的购房经验等一系列因素起着重要的影响作用，并共同作用于消费者的购房决策，这些因素统称为生活方式（Roske，1953）。莫里斯和维特（Moris & Winter，1978）从行为学视角的研究也得出了类似结论，他认为消费者情感、需求、偏好、价值观、文化和期望等主观因素，支配着其对客观世界中的住宅产品的看法。

总之，选择理论研究的是消费者作出消费选择时考虑的主要因素是什么，其在住房领域的应用主要包括消费者对住宅特征属性的选择。

二、效用理论

所谓"效用"就是一个人在占有、使用、消费某种商品或接受某种服务时得到的快乐或满足。"效用"概念是经济学中最为重要的理论基石，用来衡量消费者从一组商品或服务中获得的幸福感或者满足程度。效用在很大程度上被经济条件所制约，效用可以是收入的一种函数，经济学中用效用函数来代表和总结由偏好关系所传递的信息，消费者在一定时期内从不同商品中所获得的效用量就是各种商品消费量的函数。效用理论是需求理论乃至整个新古典经济学的理论基础。

按照效用理论的发展阶段，可以将其分为传统效应理论和新效应理论两种。传统的效用理论认为，消费者的效用是由其所消费的商品数量决定的，消费者的效用随商品数量增加而增加。显然，传统的效用理论在解释实际问题时出现矛盾，于是，很多学者开始修正传统效用理论的不足。早在 20 世纪 60 年代初，美国经济学家贝克尔就开始对传统选择理论进行修正，该学者于 1964 年发表了《人力资本：理论与研究》一文，同年又发表了《时间分配》一文，提出了两个重要思想：一是消费者不仅仅在不同物质需求之间进行简单选择，而且还是会计划和核算的人，能够进行时间选择，他们的消费开支不仅取决于家庭的现有收入水平，还取决于他们对未来收入变化的预测；二是家庭购买一种物质产品或一种服务并不构成最终目的的经济行为，而最终目的的实质上是满足。尽管基于传统效用理论的住房选择研究为居民住房选择问题的实证研究提供了理论框架，但是其研究结果更多聚焦于宏观因素，而忽略了对住宅本身特点和家庭结构特征等微观因素的研究。新效用理论的住宅选择模型不仅考虑了住宅的面积属性，而且将其他属性也纳入了选择模型，因此，该模型不仅分析了居民的住宅面积和权属需求，也可以用以分析居民对住宅区位、结构、品质等方面的选择行为。

三、生命周期理论

生命历程论是由埃尔德提出的，该理论侧重于研究剧烈的社会变迁对个人生活与发展的影响，将个体的生命历程看作更大的社会力量和社会结构的产物。该理论不同于以往只局限于家庭夫妻二人的研究，对其他家庭成员尤其是子女更为关注，探究了人总是生活在由亲戚和朋友所构成的社会关系之中，个人正是通过一定的社会关系，才会和一定的人群产生互动，从而融入这些群体之中，每一个个体都会或多或少地因为别人生命历程中发生的一些特定事件而受到影响；但是我们每个个体都是有其主观能动性的，都会在特定的社会背景下有计划、有选择地推进自己的生命历程。换句话说，人在不同具体情境中作出的各种选择，不仅受社会经济等宏观环境的约束，还受到个人以往经历和主观心理的影响。我们应当考虑到，个人、家庭、社会的变化使个体在生命历程中会面临一系列不同事件，作出一系列选择。人们会通过对以往经验的不断总结，调整自己在面对事件时作出的选择。新市民在城市居住、选择住房时，往往与其家庭的收入状况、婚姻状况和父母子女抚养的过程密不可分，并受其影响。同时，外部住房市场的变化发展也会影响其住房选择行为。通常情况来说，新市民个人历程中所经历的经济、制度法律环境等宏观因素的变动以及结婚、父母子女抚养、老家宅基地情况等微观事件的发生都会影响到这部分人口的住房状况。除此之外，住房选择还可能是"自选择"的结果，由于个人经历和个人人格特性的不同，对住房的心理期待不同，住房选择行为往往也会不同。

四、离散选择理论

最早开创离散选择理论的学者是麦克法登（MeFadden，1973，1978，1981），其最重要、最具影响力的贡献是建立了关于离散选择的经济学理论和计量方法，即在一组有限方案之间进行选择。离散选择理论认为在有限的不连续变量组成的不同方案中，人们选择某种方案的概率是因为选择这种方案的效用会大于选择其他方案获得的效用，可以推断选择方案在样本中的比重。该理论可以应用于经济社会的各个层面，如居民住房选择、消费支出倾向、政府政策措施选择等问题。基于此，在住房模式和居住环境选择时可以通过运用离散选择理论分析和论证决策者在不同选项中所作出的选择，将选择问题具体为概率问题。在研究居住方式、居住地和教育的选择问题上，离散选择理论也起到了重要的作用及影响。到目前为止，对住房选择相关问题的研究，比如对房屋户型环境选择、区位选址以及住房租购选择等问题的理论和实证研究都是通过运用离散选择理论及其选择模型来展开的。具体到本章的研究中，由于住房类型涉及租赁住房和购买住房两种选择，因此采用二元 Logit 模型较为合适，在离散选择理论基础上构建住房租购选择模型。

第二节　居民租购选择的影响因素分析

一、影响城镇居民住房租购选择的个体特征因素

（一）性别与住房租购选择

我国男女比例长期失调，总体来看男性人数要多于女性，加上受传统观念的影响，例如"有房有车"常被调侃为男性在婚恋市场上的"优势"，所以住房购买成为婚恋市场的必需品之一。男性的购房压力会更大，比例会更高，并且男性在劳动市场上更加受青睐，更有能力去选择购房。同时，女性在传统观念的导向中，购房的压力要小于男性，因此可能会更倾向于租房。

（二）年龄与住房租购选择

年龄对于住房的租购选择要分阶段进行分析。青年时期人们更倾向在社会中拼搏，可能会更倾向于租房。但随着年龄的增加，人们对于稳定的追求可能会越来越高，而且会面临结婚、养育孩子等问题，逐渐对购房有一定的压力和倾向，并且在不断的工作中积攒积蓄，更加有能力去购房。子女的性别、投资意愿等也会影响到其后续的购房倾向。

（三）学历与住房租购选择

学历会一定程度上影响人的思考方式、工作能力等。高学历高素质的人才往往是公司和政府重点引进的对象，学历越高、能力越强的人所从事职业的替代性越低，相对来说他的收入更可观，因此可能更倾向于购房。

（四）婚姻与住房租购选择

同样受传统观念的影响，婚前由于工作等不确定性，租房能被大多数年轻人所接受，但一旦面临婚姻，接踵而至的是孩子的养育问题、孩子的教育问题等。为了保证家庭成员良好稳定的生活环境，受传统观念影响，已婚居民应该会更倾向于购房。

（五）户籍与住房租购选择

随着户籍制度的改革，人口落户政策不断开放，新城镇居民在该地享受到的公共资源越来越公平，因此新城镇居民可能会更倾向于租房。同时，在我国城镇地区的就业机会比农村地区多，城镇户籍的居民获取的信息量更多，能够更快速取得就业岗位，因此，农村户籍人口可能更倾向于租房，城镇户籍人口可能更倾向于购房。

二、影响城镇居民住房租购选择的家庭特征因素

（一）家庭收入与住房租购选择

居民选择租房来解决住房问题可以根据自身的情况而定，而是否选择购房则关乎整个家庭，由于我国的房价上涨速度飞快，已经与人均可支配收入拉开

了一定差距，购房往往需要一个家庭共同来承担，高收入家庭相较于低收入家庭更有可能选择购房。

（二）家庭人数与住房租购选择

家庭人数越多越追求稳定的住房需求，老人需要更清净的居住环境，孩子需要更便捷的基础设施和教育设施，为了稳定的家庭环境，此类家庭会更倾向于购房。

（三）家庭汽车与住房租购选择

家庭汽车极大地增加了居民通行的交通便捷程度，一般来说，更便捷的交通可能会使得居民更倾向于购买住房，即使购买的住址距离工作地较远，对于租房的欲望一定程度上也会降低。

三、影响城镇居民住房租购选择的心理特征因素

（一）幸福感与住房租购选择

根据王敏（2019）的研究，住房与幸福感之间是存在影响效应的。居民在当地生活中感到比较幸福的，往往表示其在该地的社会融入状态佳，受到的待遇比较好，或是生活条件在逐渐改善并满足自我预期，因此会更倾向在该地购房。

（二）生育欲望与住房租购选择

随着居民生活条件逐渐改善，生育观念逐渐转化，居民越来越重视养育儿女的质量而不是数量，因此，生育意愿越强，一定程度上代表其在购房上的压力和需求会更大，因此更倾向于选择购房。

（三）阶层认同与住房租购选择

阶层认同是对自己生活水平、经济条件等的自我认知，一般来说，对自己的阶层判断越高，代表其经济实力越强，而且对社交、生活品质的需求更大，由于目前我国租房条件设施和自有购房存在差异，普遍存在租购不同权的现象，因此，阶级认同比较高的人更倾向购房而不是租房。

四、影响城镇居民住房租购选择的就业特征因素

（一）就业身份与住房租购选择

就业身份的类型有很多，比如创业者、个体工商户、公司职员、劳务派遣员工、自由职业者、临时工等，主要可以归类为雇佣者、个体户和受雇者。一般来说，受雇佣者的工资水平相对要比雇佣者和个体户低，因此受雇佣者可能会更倾向于租房，但由于生产资料有限，雇佣者和个体户又比较需要通过租赁来获得土地，因此该因素有显著影响，但不确定方向。

（二）工作性质与住房租购选择

工作性质有很多种划分形式，主要划分为脑力或体力劳动、领导或非领导工作等，问卷中按是否是全职工作划分。一般来说全职工作更固定，而非全职工作更自由，通常情况下全职工作的居民拥有更稳定的工资，可能会更倾向于购房。

五、影响城镇居民住房租购选择的社会特征因素

（一）居住时长与住房租购选择

朱宇（2019）研究发现，居民在当地居住时间越长，越会显著增加其长期定居和落户的意愿，同时随着对当地的熟悉感增加，人脉也会更加广，其在该地的归属感会越强，因此会更倾向于选择购房。

（二）房价收入比与住房租购选择

房价作为房产的价值尺度，对居民购房选择会产生很大影响，当房价过高，超过居民预估的承受能力时，即便这部分居民想要购房，也无法实现，只能通过租房来解决住房问题。而房价在合理区间时，会促进居民选择购房。

（三）租售比与住房租购选择

租售比是指房屋的月租金和售价的比例，国际上常用来衡量该地区房产运营情况，一般认为 1∶200 至 1∶300 区间内为正常水平，如果一个地区的租售比是 1∶350，代表每平方米建筑出租后需要 350 个月（约 29.2 年）才能回本，因此租售比高代表该地区房价泡沫严重，偏高的房价会使得居民更倾向于通过租房解决住房问题。从投资角度看，租售比高的地区，房子投资价值比较低，金融风险的抵抗能力也较差。

（四）保障与住房租购选择

保障类型主要可分为商业保障和社会保障，在政府或公司的推行下，居民自愿参与和投保。参与保障在一定程度上能够体现居民的保险意识，促进居民的工作效率，给居民提供基本生活保障。其中社会保险有区域限制，分比例缴纳等，因此，在本地区购买保险可能会促使其在当地长期定居导致其更倾向于购房。

综上所述，结合问卷中的信息将可能影响城镇居民住房租购选择问题的各因素进行筛选，并分析和判断，提出以下研究假设：

在个人特征方面，与女性相比，男性更倾向于购房；且随着年龄的增长越来越倾向于购房，其中农村户籍居民更倾向于租房；学历越高，越倾向于购房；已婚居民更倾向于购房。

在家庭特征方面，家庭收入越高，家庭人数越多，越倾向于购房；家庭汽车拥有情况可能会对居民的住房选择产生影响，拥有汽车的家庭更愿意购房来解决住房问题。

在就业特征方面，就业身份会影响居民的租购选择但不确定影响的方向，全职工作者比兼职工作者更倾向于购房。

在社会特征方面，本地居住时长越长越倾向于购房；房价收入比高的地区，居民更倾向于租房；租售比高的地区，居民更倾向于购房；参与社会保障的居民更倾向于购房。

在心理特征方面，居民的幸福感越高越倾向于购房；生育意愿越高越倾向于购房；阶层认同越高越倾向于购房。

第三节 我国居民住房选择模型构建

一、模型构建

由于本章所分析的被解释变量租购选择是二分变量，所以本章采用 Logit 回归模型检验相关因素对居民住房租购选择的影响。Logit 为概率型非线性回归模型，是一种多变量分析方法，考察的是分类结果（Y）与若干影响因素（X）之间的关系，也是目前应用比较广的离散选择模型。Logit 回归与 logistic 回归可以互相转换，分别取得非线性回归和线性回归模型，通过 logistic 回归可以得到各影响因素的几率比（odds）。

先根据问卷中的居民租购住房选择转化为标准化分布的累积分布函数，其数值介于 0～1 之间，Logit 概率函数形式为：

$$p = \frac{\exp(Z)}{1 + \exp(Z)}, \quad 1 - p = \frac{1}{1 + \exp(Z)} \tag{4-1}$$

其中，P 为事件发生的概率，Z 是 x_1，x_2，$\cdots$，x_n 的线性组合。

$$Z = \alpha + \beta_1 x_1 + \beta_2 x_2 + \cdots + \beta_i x_i = \alpha + \sum_{i=1}^{n} \beta_i x_i \tag{4-2}$$

在 Logit 回归分析时，对 P 进行 Logit 变换：

$$\text{Logit}(p) = \ln\left(\frac{p}{1-p}\right) = \alpha + \beta_1 x_1 + \beta_2 x_2 + \cdots + \beta_n x_n \tag{4-3}$$

其中，$p/(1-p) = odds$，基于以上分析，构建居民租购住房选择的影响因素模型。

$$Y = (X_1, X_2, X_3, X_4, Z) \tag{4-4}$$

其中，选择购房为 1，选择租房为 0；X_1，X_2，X_3，X_4，Z 为流动人口购房意愿影响因素的 5 组解释变量，共 18 个自变量。随后建立二元 Logit 模型：

$$\text{option} = \alpha_1 X_1 + \alpha_2 X_2 + \alpha_3 X_3 + \alpha_4 X_4 + \alpha_6 Z + \varepsilon \tag{4-5}$$

本章对居民住房租购选择进行分析，其中，option 为租购选择，X_1 为家庭特征因素，主要包括年家庭总收入、家庭人数、家庭汽车拥有情况；X_2 为就业特征因素，主要包括就业身份和工作性质；X_3 为社会特征因素，包括本地居住时长、房价收入比、租售比和社会保障情况；X_4 为心理特征因素，包括自我健康评价、幸福感、生育欲望和阶层认同；Z 是控制变量，用以控制可能会影响或干扰到主要研究的自变量与住房租购选择关系的变量，控制变量包括人口的一些基本特征。

二、变量和数据

(一) 变量说明

在 2017 年中国综合社会调查（CGSS）中将所要研究的变量进行分类处理和变量设置，其中，生育欲望是指在没有政策限制的条件下，愿意生育孩子的数量；阶层认同是指自己对所处层次的认知，具体变量设置如表 4 - 1 所示。

表 4 - 1　　　　　　　　　　　　变量说明

变量名称		变量设置
住房选择	租购选择	租房 = 0；购房 = 1
个体特征	性别	女 = 0；男 = 1
	年龄	连续整数变量；单位：岁
	户籍	农业户口 = 0；城镇户口 = 1
	教育程度	初中及以下 = 1；高中 = 2；中专或技校 = 3；大学专科 = 4；本科 = 5；研究生及以上 = 6
	婚姻	未婚 = 0；已婚 = 1
家庭特征	年家庭总收入	连续变量；单位：千
	家庭人数	连续整数变量；单位：人
	家庭汽车	没有 = 0；有 = 1
就业特征	就业身份	雇佣者 = 1；个体（或自由职业）= 2；受雇于他人 = 3
	工作性质	非全职工作 = 0；全职工作 = 1

变量名称		变量设置
社会特征	本地居住时长	6 年及以下 = 1；6 ~ 12 年 = 2；12 ~ 18 年 = 3；18 年以上 = 4
	房价收入比	计算方式 = 地区平均房价 * 住房面积/家庭收入
	租售比（年）	计算方式 = 每平方米建筑销售价格/每平方米建筑月租金/12
	社会医疗保险	没有参保 = 0；参保 = 1
	社会养老保险	没有参保 = 0；参保 = 1
心理特征	幸福感	非常不幸福 = 1；比较不幸福 = 2；一般 = 3；比较幸福 = 4；非常幸福 = 5
	生育欲望	0 个 = 1；1 个 = 2；2 个 = 3；3 个及以上 = 4
	阶层认同	上层 = 1；中上层 = 2；中层 = 3；中下层 = 4；下层 = 5

（二）数据来源

数据来源于"中国综合社会调查（CGSS）"2017 年的调查数据。中国综合社会调查是中国第一个全国性、综合性、连续性的大型社会调查项目，是由中国人民大学联合全国各地的学术机构共同执行的，经过科学的抽查，对社会、社区、家庭和个人多个层面的详细信息进行搜集和录入，反映我国人口各方面的基本情况。本次主要研究的是城镇居民群体，因此将农村居民进行筛除，总共获得 3204 个有效样本，包含了全国 28 个省市。同时，结合中国国家统计局的年度数据和《中国统计年鉴 2017》房地产行业数据等。

三、样本描述性统计

我国房地产市场发展迅速，目前我国可供居民选择的住房非常多，按房屋类型分主要有普通商品房、经济适用房、共有产权房、安置房、两限房、廉租房、公共租赁房等。从居民角度出发，住房问题的主要解决方式是购买住房或者租赁住房，主要区分依据为自己拥有当前房屋的房产所有权或仅拥有当前住房的使用权。由于房子具有居住和投资两种属性，因此影响居民消费者作出判断的因素非常多。在过去的很长一段时间，我国的房地产市场存在的"重售轻租"的问题比较严重，虽然目前商品房市场发展持续火热，但住房租赁市场还相对比较落后，住房购房市场和住房租赁市场的发展存在不平衡。

如表 4-2 所示，东部地区的租房占比要高于全国平均水平，同时也高于中部、西部和东北地区，而东部的购房占比低于全国平均水平，因此住房市场区域间也存在不平衡。对以上变量进行归类整理后，根据标志值的常规范围，筛选和删除其中有明显填写错误或者偏离正常值比较大的样本，并将总样本分为租赁样本和自有样本。个体特征、家庭特征、就业特征、社会特征和心理特征在各样本的基本情况见表 4-3。

表 4-2　　　　　　　　　区域间居民租购选择占比　　　　　　　　单位：%

住房选择	区域特征				
	东部	东北	中部	西部	全国
租房	34.19	30.19	29.13	30.22	33.02
购房	65.81	69.81	70.87	69.78	66.98

资料来源：根据中国综合社会调查相关数据整理。

表 4-3　　　　　　　　　　　变量描述性统计

变量名称		总样本		租赁样本		自有样本	
		均值	标准差	均值	标准差	均值	标准差
个体特征	性别	0.54	0.499	0.50	0.500	0.56	0.497
	年龄	45.93	13.021	39.08	12.972	49.31	11.648
	户籍	0.65	0.477	0.47	0.499	0.74	0.439
	教育程度	2.40	1.599	2.47	1.618	2.36	1.589
	婚姻	0.84	0.366	0.69	0.461	0.91	0.282
家庭特征	年家庭总收入（千元）	100.45	98.730	98.72	95.091	101.31	100.487
	家庭人数	2.72	1.233	2.55	1.306	2.81	1.186
	家庭汽车	0.38	0.484	0.32	0.466	0.40	0.491
就业特征	就业身份	2.69	0.573	2.69	0.555	2.70	0.584
	工作性质	0.93	0.261	0.94	0.245	0.92	0.270

续表

变量名称		总样本		租赁样本		自有样本	
		均值	标准差	均值	标准差	均值	标准差
社会特征	本地居住时长	3.26	1.176	2.50	1.367	3.63	0.851
	房价收入比	21.79	22.240	23.91	23.611	20.74	21.461
	租售比（年）	39.44	10.155	39.84	10.311	39.24	10.074
	社会医疗保险	0.92	0.268	0.87	0.340	0.95	0.220
	社会养老保险	0.75	0.430	0.62	0.485	0.82	0.384
心理特征	幸福感	3.88	0.797	3.73	0.872	3.95	0.748
	生育欲望	2.80	0.619	2.83	0.632	2.79	0.612
	阶层认同	3.66	0.826	3.83	0.796	3.58	0.828

从表4-3结果对比来看，在租赁样本中，性别、年龄、户籍、教育程度、婚姻状况等个体特征在租赁样本和自有购房样本中的差异比较明显，比如租赁居民的平均年龄要远小于自有购房样本和总样本，租赁样本的平均结婚率为69%，而自有购房样本的平均结婚率达91%，租赁样本中农村户籍占比更多。家庭特征中购房自有样本的年家庭总收入和家庭人数的平均值比租赁样本中要更大，并且家庭汽车拥有情况也比租赁样本要高。就业特征的就业身份和工作性质在三个样本中差异不大，但是可以看出我国居民城镇从事全职工作的占比高达93%。社会特征中租房居民的本地居住时长要远低于自有购房居民，而且租赁居民样本的房价收入比要明显高于自有购房样本，租赁样本中的租售比要高于自有样本，这也比较符合人们理性考虑的假设前提，社会保险的承保情况也是自有购房样本更高，其中，自有购房样本拥有社会养老保险的占82%，远高于租赁样本的62%。心理特征方面自有购房样本的幸福感要高于全样本和租赁样本，但租赁样本的生育欲望要高于全样本和自有购房样本，自有购房样本的阶层认同感要高于其他样本。

第四节　基于 Logit 回归模型的实证分析

一、基于全国数据的实证分析

本章建立 5 个模型——家庭特征模型、就业特征模型、社会特征模型、心理特征模型和全因素模型，用以分析对居民住房租购选择的影响，其中，个体特征作为控制变量，这 5 个模型分别记作模型 1~5。相关的实证结果见表 4-4，并作出以下分析：

从表 4-4 可以看出，模型 1~5 的拟合情况虽然伪 R^2 值比较小，但由于实证分析用的是 Logit 回归分析，因此伪 R^2 参考意义并不大。通过 LR 卡方统计量的值和 P 值，模型 1~5 均拒绝原假设，模型整体是比较有效的。其中，模型 2 预测准确度最低，而模型 3 的预测准确度最高，达到了 78.90%，5 个模型的预测准确度都在 70% 以上，总体拟合效果都比较好。因此，居民的个体特征、家庭特征、就业特征、社会特征、心理特征等都会对其住房租购选择产生影响。

个体特征作为控制变量，由于人的基本情况总会存在差异，因此其在各个模型中都参与分析。在 5 个模型中，性别都对居民的住房租购选择有显著的正向影响，这和之前的假设一致。相较于女性，男性更倾向于购房，且从全样本来看，男性的购房几率比是女性的 1.29 倍；年龄、婚姻对住房租购选择也有显著正向影响，年龄越大和已婚这两个因素都会促进居民对购房进行选择，从全样本几率比来看，已婚居民选择购房来解决住房问题是未婚居民的 2.01 倍。另外，城镇户籍和教育程度越高，越会促进城镇居民选择购房住房，在超半数的模型中表现显著。个体特征基本上和原来的假设比较一致。

在家庭特征模型中，从全样本模型来看，年家庭总收入水平能显著影响居民的租购选择，收入越高越倾向于购房。模型 1 中家庭人数的系数是 0.191，说明家庭人数越多的家庭，越偏好选择购房。从总样本来看，家庭成员每增加一位，选择购房的几率比就会增加 30.1%。拥有家庭汽车的居民相较于租房更

表 4-4 城镇居民租购选择 Logit 模型实证结果

变量名称		模型 1		模型 2		模型 3		模型 4		模型 5		
		系数	Z 值	系数	Z 值	系数	Z 值	系数	Z 值	系数	Z 值	odds
个体特征	性别	0.264***	3.06	0.237**	2.23	0.181*	1.97	0.294***	3.41	0.254**	2.13	1.290
	年龄	0.062***	14.32	0.055***	9.26	0.039***	8.29	0.055***	13.35	0.042***	5.80	1.043
	户籍	1.088***	10.82	1.250***	10.31	0.888***	8.09	1.004***	10.00	0.952***	6.91	2.591
	教育程度	0.039	1.08	0.101***	2.64	0.103***	2.73	0.025	0.75	0.093*	1.91	1.097
	婚姻	0.849***	6.59	1.134***	7.98	1.143***	8.77	1.098***	9.07	0.700***	3.95	2.013
家庭特征	年家庭总收入	0.002*	1.71							0.001*	1.77	1.001
	家庭人数	0.191***	4.92							0.264***	4.97	1.301
	家庭汽车	0.522***	5.21							0.275**	2.09	1.317
就业特征	就业身份			-0.034	-0.36					0.088	0.84	1.092
	工作性质			-0.279	-1.39					-0.384*	-1.70	0.681
社会特征	本地居住时长					0.664***	16.14			0.694***	13.28	2.001
	房价收入比					-0.010***	-4.63			-0.013***	-3.04	0.987
	租售比(年)					-0.011**	-2.22			-0.022***	-2.88	0.979
	社会医疗保险					0.300*	1.69			0.161	0.69	1.174
	社会养老保险					0.393***	3.34			0.465***	3.04	1.592
心理特征	幸福感							0.173***	3.13	0.139*	1.76	1.149
	生育欲望							-0.156**	-2.19	-0.286***	-2.93	0.751
	阶层认同							-0.272***	-4.94	-0.189**	-2.42	0.828

续表

变量名称	模型1		模型2		模型3		模型4		模型5		
	系数	Z值	系数	Z值	系数	Z值	系数	Z值	系数	Z值	odds
Pseudo R²		0.191		0.175		0.267		0.189		0.304	
LR statistic（P值）		776.7 (0.000)		465.60 (0.000)		1083.94 (0.000)		768.15 (0.000)		810.55 (0.000)	
Log-likelihood		-1644.04		-1101.12		-1490.42		-1648.31		-928.64	
预测准确度		76.12%		73.63%		78.90%		76.40%		78.22%	

注：***，**，* 分别表示在1%，5%，10% 的显著性水平下显著。

倾向于购买房产，一方面拥有家庭汽车的家庭经济实力更强，另一方面交通的便利对住所的接受范围更广，可以更多考虑购买性价比高的住所；而没有家庭汽车的居民由于工作等原因，为获取交通的便利会更倾向于租房。

在就业特征模型中，就业身份和工作性质在模型 2 中并不显著，而工作性质在模型 5 中的系数为 – 0.384，说明在 0.1 的显著性水平下，全职工作的居民相较于非全职工作的居民更加倾向于租房。这可能是由于我国大部分职业都属于全职，长期从事非全职工作的居民可能有更高效的工作，或者经济来源更加丰富等，而全职工作者更会为了工作便利而选择租房，如公司企业提供的职工宿舍等。

在社会特征模型中，本地居住时长在模型 3 中的系数是 0.664，且在模型 3 和全样本模型中同样都有 99% 的置信度，因此本地居住时长越长，越倾向于在本地购房。该地区的房价收入比会对居民的住房租购选择产生显著的负向影响，房价收入比越高，代表在该地购买房子的压力更大。在模型 3 中，房价收入比的系数为 – 0.010，说明房价收入比越高，居民越想要通过租房来解决住房问题，全样本中住房收入比每增加一单位，居民选择租房的几率比增加 1.3%。租售比（年）也会对城镇居民的租购选择产生显著负向影响，租售比（年）越大，居民越倾向于租房。另外，社会保障中的社会养老保险在模型 3 中系数为 0.393，说明社会养老保险对居民的购房选择产生积极影响，而社会医疗保险影响不显著，从全样本看，在当地参与社会养老保险的居民相较未参保的居民，购房的几率比增加 59.2%。

在心理特征模型中，幸福感与之前假设完全一致，幸福感强的居民更愿意在该地区购买房屋，且在模型 4 和全样本模型中均为显著。生育欲望越强烈，即希望未来孩子数量越多的居民反而更倾向于租房，从全样本看，生育欲望每增加一个单位，选择租房的几率比增加 24.9%。阶层认同在模型 4 中的系数是 – 0.272，表示在 1% 的显性水平下，居民对自己的阶层认同越低，在租购选择中越倾向于租房，这主要是考虑到自己的经济地位与他人相比较低，短期来看租房成本远小于购房，从而影响其对租购住房作出选择。

二、稳健性检验

为了检验结果是否稳健，本章通过调整样本数量，以全体居民样本代替城镇居民样本再次进行回归分析。居民的住房选择是一种行为，不管是农村居民还是城镇居民，在选择时心理倾向和考虑因素等都差不多。结果见表 4 - 5，我们可以看出，首先模型预测准确度也都在 70% 以上，模型拟合较好，此外，稳健性检验中各个模型的影响因素和城镇居民住房选择二元 Logit 回归结果影响基本一致，只有就业身份影响方向不同，但在两次实证中，就业身份的影响结果 Z 值比较小，结果都不显著，因此这一变量在文中不作重点讨论。存在少量变量（如房价收入比）的显著性不同，这主要是因为目前农村地区的商品房较少且价格相比城镇要低，因此加入农村居民后，其影响显著性会有所降低，但影响方向相同。此外，其余变量与城镇居民住房选择实证分析基本保持一致，系数上的轻微差异不影响本章对住房租购选择分析的合理性，所以结论是稳健可靠的。

三、基于不同区域的实证分析

我国区域间经济发展存在差异，同时包含人文习俗等众多社会因素，因此，为了进一步探究在不同区域条件下居民租购住房选择的影响，并分析不同区域间各因素作用的异质性，将全体样本进行整理，按区域分成东、中、西部和东北部，分别运用二元 Logit 回归进行回归分析，实证结果见表 4 - 6。

如表 4 - 6 所示，从检测结果来看，分样本 4 个区域的 LR 和 P 值都通过了显著性检验，并且预测准确度都在 78% 以上，模型拟合的效果比较好。在个人特征方面，4 个区域比较一致的是，性别为男性，年龄越大和城镇户籍的居民都更倾向于选择购房来解决住房问题；婚姻状况也能对居民购房住房选择产生积极显著影响，主要是受传统观念影响，购房更能给人安全感和舒适感，并且房主能享受更多的设施和权益。在家庭特征方面，家庭收入越多越能促进城镇居民选择购房，其中，东部地区最为显著；家庭人数多，拥有家庭汽车也会使民产生购房倾向。在工作特征中，全职工作在中部和西部能显著提高其租房倾向，而在东部和东北部影响却不显著，其重要原因是全职工作的地点、时间比较固定，为了便利选择在工作附近租房，而非全职工作相对自由。在社会特征方面，本地居住时间越长，房价收入比越低，使得 4 个区域的居民越想要在当地购房来代替租房；而租售比在分样本中却产生不同方向的影响，其中，

表4-5

稳健性检验

变量名称	模型1		模型2		模型3		模型4		模型5	
	系数	Z值	系数	Z值	系数	Z值	系数	Z值	系数	Z值
性别	0.367***	4.83	0.338***	3.46	0.287***	3.47	0.404***	5.33	0.349***	3.15
年龄	0.073***	18.91	0.060***	11.06	0.044***	10.45	0.067***	18.18	0.044***	6.77
户籍	0.243***	2.67	0.857***	7.59	0.181*	1.79	0.178*	1.95	0.644***	4.98
教育程度	0.031	0.91	0.061*	1.68	0.112***	3.12	-0.028	-0.91	0.092**	1.97
婚姻	0.728***	6.45	1.039***	7.94	1.072***	9.18	0.906***	8.56	0.635***	3.91
年家庭总收入	0.002***	3.43							0.002**	2.23
家庭人数	0.202***	6.11							0.267***	5.59
家庭汽车	0.402***	4.42							0.209*	1.71
就业身份			0.045	0.54					0.177*	1.85
工作性质			-0.696***	-3.89					-0.674***	-3.36
本地居住时长					0.771***	20.42			0.749***	15.41
房价收入比					-0.001	-0.45			-0.005	-1.52
租售比（年）					-0.027***	-5.68			-0.033***	-4.71
社会医疗保险					0.516***	3.37			0.355*	1.69
社会养老保险					0.482***	4.81			0.433***	3.17
幸福感							0.166***	3.62	0.165**	2.28
生育欲望							-0.028	-0.45	-0.227**	-2.51

续表

变量名称	模型 1		模型 2		模型 3		模型 4		模型 5	
	系数	Z 值	系数	Z 值	系数	Z 值	系数	Z 值	系数	Z 值
阶层认同							-0.176***	-3.73	-0.211***	-2.98
Pseudo R²	0.169		0.150		0.272		0.162		0.299	
LR statistic（P 值）	888.94 (0.000)		465.85 (0.000)		1435.99 (0.000)		855.64 (0.000)		926.83 (0.000)	
Log-likelihood	-2192.34		-1318.64		-1918.81		-2208.98		-1088.15	
预测准确度	80.67%		74.15%		83.21%		80.12%		79.66%	

注：***，**，*分别表示在 1%，5%，10% 的显著性水平下显著。

表 4－6　分样本 Logit 模型实证结果

变量名称	东部地区		东北地区		中部地区		西部地区	
	系数	Z值	系数	Z值	系数	Z值	系数	Z值
性别	0.262*	1.91	0.536***	2.98	0.511***	2.94	0.578***	3.42
年龄	0.043***	5.14	0.053***	4.91	0.051***	4.98	0.065***	6.20
户籍	1.019***	6.32	0.970***	4.75	0.788***	4.04	0.679***	3.52
教育程度	0.078	1.41	0.062	0.87	0.037	0.54	0.051	0.74
婚姻	0.665***	3.33	0.563**	2.13	0.577***	2.20	0.538**	2.10
家庭总收入	0.001**	2.38	0.001	1.19	0.001	1.07	0.002	1.43
家庭人数	0.261***	4.28	0.187**	2.31	0.213***	2.86	0.161**	2.18
家庭汽车	0.254*	1.73	0.548***	2.61	0.587***	2.92	0.624***	3.19
就业身份	0.068	0.55	-0.177	-1.10	-0.075	-0.49	-0.023	-0.16
工作性质	-0.275	-1.00	-0.400	-1.16	-0.618*	-1.86	-0.518*	-1.65
本地居住时长	0.684***	11.61	0.632***	7.98	0.606***	8.02	0.574***	7.71
房价收入比	-0.019***	-3.42	-0.023***	-3.04	-0.030***	-3.76	-0.012*	-1.89
租售比（年）	-0.016*	-1.70	0.008	0.62	0.024*	1.84	0.030**	2.32
社会医疗保险	0.154	0.55	0.415	1.28	0.396	1.21	0.410	1.25
社会养老保险	0.470**	2.55	0.424**	1.98	0.469**	2.22	0.237	1.16
幸福感	0.242***	2.66	0.266***	2.42	0.191*	1.75	0.143	1.37
生育欲望	-0.197*	-1.79	-0.250*	-1.64	-0.357**	-2.37	-0.339**	-2.29

续表

变量名称	东部地区		东北地区		中部地区		西部地区	
	系数	Z值	系数	Z值	系数	Z值	系数	Z值
阶层认同	-0.071	-0.80	-0.036	-0.30	-0.107	-0.92	-0.167	-1.46
Pseudo R²	0.311		0.308		0.294		0.299	
LR statistic（P值）	641.55 (0.000)		369.66 (0.000)		368.70 (0.000)		388.73 (0.000)	
Log-likelihood	-712.3		-416.17		-443.2		-456.81	
预测准确度	78.51%		80.08%		80.12%		78.59%	

注：***、**、*分别表示在1%、5%、10%的显著性水平下显著。

东部地区租售比（年）越高越会促使居民选择租房，而中部和西部，租售比（年）越高，居民越倾向于购房。在社会保障特征方面，社会医疗保险对居民租购选择影响不显著，但参与社会养老保险，在东、中部和东北部能够显著促进城镇居民在当地购房的意愿，在西部这种促进作用并不显著。在心理特征方面，四个区域一致的是，生育欲望越多反而越促使他们选择租房，可能是生育欲望低的人相对思想更开放或拥有更高的经济实力，而生育欲望高的居民对预期的生活开支会比较高，如孩子的饮食、教育等，因此短期内更倾向于租房；其中，除了西部地区表现不显著以外，幸福感在东、中部和东北区域对居民产生购房意愿都有比较显著的积极作用。

四、实证结果与分析

（一）实证结果

本章主要根据居民的角度和情况出发，从个体特征、家庭特征、就业特征、社会特征、心理特征等 5 个特征，共 18 个影响因素，分析相关因素对城镇居民住房租购选择的影响。基于中国综合社会调查（CGSS）2017 年的调查数据和宏观数据，构建住房租购选择的二元 Logit 模型，进行两次实证分析，分别是 Logit 全样本分析和按东、中、西部和东北区域的分样本分析，先对模型进行准确度预测，再探究各因素对租购选择产生影响的作用方向及程度。本章得出的结论主要有以下几方面：

第一，年轻人群和收入状况不佳群体更倾向于租房。在描述性分析中显示，租房样本的平均年龄要低于总样本和自有购房样本，他们在住房租购选择中更倾向于租房，一方面可能是由于经济收入或财富积累还不够，另一方面他们的思想程度比较开放，能更加接受租房。同时，家庭年收入越低的居民，也会更倾向于租房来解决住房问题。

第二，居民对购买住房的热情较高。通过回归分析可以发现，众多因素都对购买住房有显著正向影响，比如性别为男性、年龄增长、城镇户籍、已婚、家庭人数多、家庭收入多、阶层认同高等因素，都促进了城镇居民置购住房。在我国社会中，传统观念的影响还是比较根深蒂固的，比如结婚需要购房，享受教育和设施需要购房等，而且普遍认为租房没有"安全感"和"归属感"，不能与购房者享受同等权利。这些导致我国的住房租赁市场和住房购买市场发展极度不平衡。

第三，本地社会的融入会促进居民的购房意愿。本地居住时间长，缴纳社会养老保险，幸福感强，都会使得居民更倾向于买房而不是租房。这主要体现了居民在当地的社会融入情况，居民在该地区熟悉环境适应生活，随着人脉的慢慢建立，社会福利使得其生活有所保障，受到当地政府和居民的尊重和关照，生活水平不断提高，从而获得幸福感，也激发了其进行购房选择。

第四，居民的购房选择存在理性思考和期望追求。在两次 Logit 回归实证结果中发现，房价收入比对城镇居民的租购选择产生显著负向影响，即房价收入比越高，居民越倾向于选择租房。房价收入比高代表居民需要积累更长时间的财富收入才能购置房子，也就是房价水平明显高于工资收入水平。在房价水平过高时选择租房，是居民从住房成本、自己和家庭的收入水平等角度出发作出的选择，这说明居民租购选择时存在理性思考。但在分样本回归中发现，中、西部地区的租售比（年）与全样本和东部地区的租售比（年）对居民住房选择产生了不同方向的显著影响。租售比（年）是指购房后通过出租回笼本金的时间长短，从投资角度来看，租售比（年）越高，房子的"性价比"越低，但租售比（年）高的地区，往往是区域内比较发达的地区，居民如此选择的原因是居民并不仅仅从理性的角度出发，可能还考虑了社交、地位等因素或者对该地区的进一步看好，预期还有上升获利空间，因此，居民有追涨追买的跟风举动和选择在同区域内大城市购房作为投资等行为。

（二）政策建议

1. 改善租赁住房的居住环境，减轻青年人压力

我国租赁房的居住条件和商品房相比普遍较差，设施方面落后，甚至连区位都一般位于比较偏僻的城市边缘，城市中部分环境好的租赁房被打造成网红民宿，收取更高的租金，而租客很难找到环境好、区位好同时租金又合理的租赁房。这对于租房人群来说是比较不公平的，因此，政府和相关部门应积极落实一些公租房、廉租房的建设，尽可能改善租房环境，保障租客权益，进一步实施租购同权。青年人群由于经济和工作更加倾向于租房，目前我国老龄化加剧，人口结构逐渐发生改变，部分青年人肩负的压力和责任更大，而高昂的租金和房价降低了青年人生活水平，针对这一情况，国家可以出台相关政策，对符合条件的群体实施政策补贴。

2. 坚持租购并举制度，构建更透明的平台

随着流动人口规模扩张，住房市场需求群体不断增多，而我国商品房市场蓬勃发展的同时租赁市场却发展缓慢，目前我国住房市场的发展并不平衡，因此，建议政府积极干预，坚持"租购并举"政策，并从土地供应、降低税费、规范市场行为等多方面对租赁房进行支持和坚决落实，对合理开发租赁市场的经济体进行补贴，建立更加透明的住房服务平台。在坚持和完善"多主体供给、多渠道保障、租购并举"的现代住房制度的同时，也要预防长租公寓违规行为，相关部门不能松懈对住房市场的监管。

3. 完善社会保障制度，增加居民幸福感

目前我国的社会保障体系中如社会医疗保险、社会养老保险、义务教育福利、社会救助等已经比较普及，且能够有效地帮助居民，能够让他们的生活得到基本保障。接下来政府可以在基本保障水平上进一步完善社会保障制度，协调平衡各区域社会保障的水平，积极出台相关保障措施，有针对性、精确地扶持相关产业和人群，来应对当下住房难的问题，并且加强城市生活基础设施建设，建立更加公平公正的社会福利机制和教育体系，加快建设居民出行的交通便利设施等，提高居民的幸福感，促进社会的稳定和可持续发展。

4. 政府严格监控房价走势，规划地区统筹发展

在楼市中追涨购房的跟风举动非常常见，使得部分地区的房价偏离正常值，但个人潜在意识和举动很难进行干涉和操控，此时需要外界环境的干预。因此，政府应该从宏观出发，加强调控力度，抑制房价由于人非理性的行为而过度的增长，造成楼市泡沫。实证发现东部地区租售比（年）越高，居民越倾向于租房，东部地区经济发展较高，且总体房价较高，对于高租售比的地区，实现购房难度大，所以人们选择租房；而中、西部租售比（年）越高的地区，居民越倾向于购房，可以看出中、西部居民在购房时存在预期和期望等特点，倾向于在同一个大范围区域内选择购买一些租售比高的中心城市和地区的住房。因此，政府也可以通过这一特点制定相关城市规划，在东部地区严格监控房价走势，积极协调租赁市场和购房市场共同发展；在中、西部地区大范围内建设多个大、中、小城市以及节点并慢慢覆盖全区域，更加丰富小城市基础设施和职能，以使区域内发展相对更平衡，居民集聚个别城市购房效应不会

过于快速地推动，促使城市发展和地产发展趋于平稳和健康。

第五节　本章小结

目前我国城镇化发展十分迅速，居民的生活水平不断提高，但住房问题也有所显现，关于住房租购问题的研究具有现实意义，协调好房地产发展、社会稳定和居民生活，更好地解决居民住房存在的问题，平衡好购房市场和租赁市场，对我国今后的科学发展有重要的意义。本章基于二值 Logit 模型和中国综合社会调查（CGSS）数据对我国城镇居民的住房选择及影响因素进行了讨论分析，先对影响居民住房租购选择的各因素进行了全样本分析，再对东、中、西部和东北区域进行了分样本分析。旨在从居民的视角出发，得出所研究的各因素对城镇居民住房选择的回归实证结果，在新城镇化和城市群建设背景下，为政府部门提供相关参考和建议。

研究发现：住房收入比越高，会使城镇居民更倾向于作出租房选择；而幸福感强，本地居住时间长，参与社会养老保险会使居民倾向于作出购置住房选择；而区域间不同的是，东部地区租售比（年）越高会促使居民选择租房，而中部和西部，租售比（年）越高使得居民越倾向于购房。此外，性别、年龄、户籍、婚姻状况、家庭收入、家庭人数、家庭汽车、阶级认同和生育欲望等因素都会对居民住房选择产生显著影响。根据分析结果，本节分别从社会服务保障、房价监控、租购并举和地区统筹发展等方面出发，为促进住房市场平衡发展和长期稳定提出相关政策建议。在取得一定的研究成果的同时，仍然存在一定的不足，主要表现为：一是本章采用的是 2017 年中国综合社会调查的年度数据，是目前官方网站的最新公布数据，但在目前来看，时效性上仍然存在滞后。二是主要采用的是截面数据的静态分析，没有将样本进行连续追踪，对后续的动态预测有一定的局限性。三是本章主要对全国范围和各省份的范围进行研究分析，但由于样本统计限制，无法进一步地对一线、二线和三线等城市进行划分，发现其影响因素的城市间异质性；而且由于样本量不够，在对特定条件下各年龄段的群体进行划分时存在难度。因此，有待于在后续的研究中进一步完善和改进。

第五章

住房消费与农民工城市融入

　　城镇居民的住房消费和阶层认同感对城镇化建设的发展发挥着重要的作用。研究住房消费对居民阶层认同的影响也愈加迫切，对其的研究可以对城镇居民城市认同感和生活幸福感、满足感产生一定影响，更在一定程度上对城市经济发展和未来发展方向产生影响。本节基于 2017 年 CGSS 数据，运用多元 Logist 回归分析和人口社会学的研究方法，分析我国当前城镇居民阶层认同的特征，从住房消费视角出发，通过研究住房产权归属情况和人均住房面积大小来分析城镇居民自我阶层认同感的影响因素。

　　解决长期以来的农民工住房消费问题对农民工的城市融入有着极其重要的意义。农民工城市融入是一个很好的发展状态，不仅会让农民工在经济生活方面得到改善，所处城市的社会融入感得到提升，而且有利于城市发展进程的加快，调节产业之间供需平衡，进一步推动实现中国式现代化和共同富裕的历史目标。通过研究住房消费对农民工城市融入的影响，可以了解到农民工在城市融入中所遇到的问题和困难，根据出现的问题提出建议对策，减少住房消费所产生的影响，让农民工从物质上和精神上都能融入该城市，整体推进城市融入进程。城市融入促进了社会主义和谐社会的建设，加快了城市化进程，是我国城市发展必须经历的一个阶段，将对社会稳定和经济健康的发展产生重大意义。

第一节 相关理论

一、住房消费

在 20 世纪 90 年代末,"住房消费"一词出现,随着市场经济和住房市场的发展,越来越多的人拥有了自己的住房。很多专家对住房消费进行研究,但是都没有具体化住房消费的概念。所以本章一方面从住房的归属情况角度研究,另一方面又从住房面积来研究住房消费问题。

住宅作为最基本的生活物质,是人们享受和发展的基础。在居民及其家庭的居住生活中,住宅消费行为构成住房消费。众所周知,住房是人类最基本的生存物质,是人类的栖息地,关系到居民的基本需求和整个社会的稳定。住房消费是以家庭为单位进行的,它属于个人和社会的消费行为。它具有衣、食、住、行等个人消费的性质,不属于人人共享的福利消费和公共消费。因此,住房消费应由个人及其家庭承担,并在劳动者的收入中支出。

二、阶层认同

阶层认同是指个人的主观阶层意识,反映个人对其自身在阶层结构所处的位置的感知。每个人对阶层认同的划分标准都不同,本节的阶层认同指受访者在受到住房面积、住房产权、受教育程度等因素的影响时,所产生的一种心理上对自己所处社会地位的认同感。

三、农民工城市融入

农民工是指拥有农村户籍,在本地或异地县(市)地区从事非农工作半年及以上的劳动者。在户籍地的县(市)范围内从业的农民工为本地农民工,在户籍地以外的异地县(市)工作的为异地农民工。目前社会上普遍认为农民工就是建筑工地的工人,这种看法是非常片面的,因为户籍地在农村但进入城市工作的劳动者数量庞大,他们会出现在不同领域不同岗位上,诸如建筑业、制造业、服务业。明确地来说，只要属于农村户籍而且还没有在城市落户的劳动者都是农民工。当前许多学者将农民工进行年龄类型上的划分。其中，"老一代农民工"主要是指第一批从农村解放出来，前往城市靠出卖劳动力获取生活来源的劳动者。由于当时中国经济发展缓慢，交通不便，信息不充分，而且本身受教育水平低，所以他们会选择结伴前往城市务工，大部分情况下是同质性网络的社会互动，恋乡情结较重。他们进城务工主要目的就是赚钱养家，所以对物质方面要求高，精神方面要求并不高。而"新生代农民工"主要是指1980年以后出生的人口，他们像城里孩子一样，在正常的年纪上学，很少在农地里干活，对土地并不是那么熟悉。相对于老一代农民工来说，他们文化程度较高，务农经验非常不足。他们对职业和薪酬期望高，但由于城市压力较大，所以并不能完全适应城市的工作和生活环境。

农民工城市融入是指19世纪70年代以后，一部分农村户口的农民进入城市长期从事城市非农产业的社会现象。有关学者对城市融入的解释有很多，一般包括两个方面：一是身份角色的转化，二是内在素质的转化。身份角色的转化主要是指农民工从农村户籍转移到城市户籍，享受着和当地市民一样的待遇。内在素质的转化主要指农民工内在素质上的提升，能够建设并爱护城市，在公共场合能够注意自己的言谈举止，是有修养、有内涵的劳动者。农民工的城市融入是指从流出地到流入地的过程，这对流出地和流入地都有相应的条件要求。流出地的经济落后，地理位置偏僻，生活交通不便；流入地的就业岗位多，发展机会多，信息畅通发达，生活方便。但这与个人自身特征相关联。现今农民工的城市融入日益明显，从个人流动到家庭流动、从暂时流动到长久定居、从新一辈农民工到其第二代子女的流动，都说明了农民工城市融入已成为当今趋势。

第二节　住房消费与阶层认同

一、城镇居民住房消费和阶层认同现状分析

本节将住房消费定义为解释变量，又从两个方面解释住房消费，即住房面积和住房产权归属情况。

（一）住房面积现状分析

人均住房面积是直接反映城镇居民生活条件好坏的重要指标，本节的人均住房面积是由问卷题项 a11 题（您现在住的这套住房的套内建筑面积是多少？）除以题项 a63 题（您家目前住在一起的通常有几个人？）得到的，并将人均住房面积分为"20 平方米以下""20 ~ 29 平方米""30 ~ 39 平方米""40 ~ 59 平方米""60 平方米及以上"5 种属性，具体分布情况见图 5 - 1。

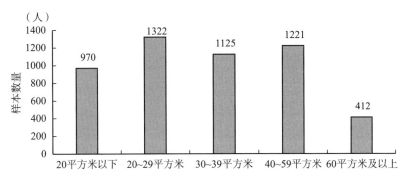

图 5 - 1　人均住房面积分布

资料来源：根据中国综合社会调查（CGSS）2017 年的相关数据整理。

（二）住房产权归属情况现状分析

住房产权归属情况对城镇居民是否愿意长期居住具有重要影响，本节根据问卷题项 a12（您现在这座房子的产权属于谁？）将住房产权归属情况分为"自己所有""配偶所有""子女所有""父母所有""其他"等 5 种属性，分布情况见图 5 - 2。

（三）阶层认同现状分析

本节将 2017 年 CGSS 数据中的问卷题项 a43a（综合来看，在目前这个社会上，您本人处于社会的哪一层级？）定义为被解释变量，分为 1 ~ 10 共 10 个等级，分别将第 1 级和第 10 级命名为最底层和最高层。从被解释变量的结果可以看出，自认为在社会中处于中层等级的人数占比较高，其中认为自己在第 5 层的占比达到 30% 以上，认为自己在第 6 层的占比达到 14.78%，而自认为处在最底层或最高层的人数占比较少。之所以产生这样的结果，主要原因还是样本之间存在差异性，所以本节将样本限定在城镇居民之中，并对城市居民自身主观认同进行划分，具体划分情况见表5-1。

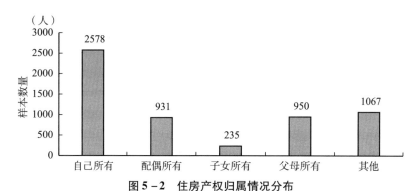

图 5-2　住房产权归属情况分布

资料来源：根据中国综合社会调查（CGSS）2017 年的相关数据整理。

表 5-1　　　　　　　　　　受访样本自身主观阶层认同状况一览

自身主观阶层认同状态	频次	占比（%）
最底层	362	6.33
2	377	6.59
3	730	12.77
4	980	17.14
5	1939	33.91
6	845	14.78
7	326	5.70
8	121	2.12
9	17	0.3
最高层	21	0.37

资料来源：根据中国综合社会调查（CGSS）2017 年的相关数据整理。

二、描述统计分析

本节相关研究数据来源于中国综合社会调查（CGSS）2017 年的相关数据。根据研究目的，以城镇居民样本作为研究样本，数量为 5671 个，并对相关数据设置题项，具体见表 5 - 2。

表 5 - 2　　　　　　　　　诸变量所设题项情况一览表

题项编码	对应的问卷问题	题项名称
a11	您现在住的这套住房的套内建筑面积是多少？	住房的套内建筑面积
a2	您的性别？	性别
a3a	您的出生日期是什么时候？	出生年月
a43a	综合看来，在目前这个社会上，您本人处于社会的哪一层？	你自认为自己属于哪个等级
a62	您家 2016 年全年家庭总收入是多少？	全家全年家庭收入
a63	您家目前住在一起的通常有几个人？（包括受访者本人）	全家人口数
a12	您现在这座房子的产权（部分或全部产权）属于谁？	家庭住房产权情况
a69	您目前的婚姻状况是什么？	婚姻状况
a7a	您目前的最高教育程度是什么？	受教育程度

资料来源：根据中国综合社会调查（CGSS）2017 年的相关数据整理。

控制变量为性别、婚姻状况、受教育程度、人均年收入（由 a62 题项除以 a63 题项所得）。本节将受教育程度划分为"文盲或半文盲""小学文化""中学文化""大学文化及以上"。将人均年收入按照收入多少划分为 5 个部分，分别为"5 万元以下""5 万 ~ 10 万元""10.001 万 ~ 15 万元""15.001 万 ~ 20 万元""20 万元及以上"。根据具体研究方向，本节将对样本数据进行分类，分别计算出各样本数的频数和占比数（%），再根据该结果进行研究对比，研究结果见表 5 - 3。

表5-3 样本人口学特征和住房状况

	变量	频次	占比（%）
性别	男	2738	47.53
	女	3023	52.47
婚姻状况	未婚	1007	17.48
	已婚	4754	82.52
人均年收入	5万元以下	262	5.32
	5万~10万元	2719	55.24
	10.001万~15万元	815	16.56
	15.001万~20万元	207	4.21
	20万元以上	929	18.67
受教育程度	文盲或半文盲	379	6.67
	小学文化	1322	23.25
	中学文化	2484	43.69
	大学文化及以上	1501	26.4
人均居住面积	20平方米以下	970	19.21
	20~29平方米	1322	26.18
	30~39平方米	1125	22.28
	40~59平方米	1221	24.18
	60平方米及以上	412	8.16
住房产权归属状况	自己所有	2578	44.75
	配偶所有	931	16.16
	子女所有	235	4.08
	父母所有	950	16.49
	其他	1067	18.52

资料来源：根据中国综合社会调查（CGSS）2017年的相关数据整理。

　　根据上表结果，从人均住房面积角度看，20~29平方米人均面积占比最高，达到26.18%，30~39平方米、40~59平方米占比分别为22.28%、24.18%；而从住房产权归属状况上看，自己所有的占比最高，达44.75%，配偶所有其次，占比 16.16%，而父母所有和子女所有占比分别为 16.49%、4.08%，其他占 18.52%；从受教育程度看，中学文化占比最高，达 43.69%，大学及以上文化占比达 26.45%；从性别上看，男性占比为 47.53%，女性占比为 52.47%，女性比例高于男性；从婚姻状况上看，已婚样本占比达 82.52%，未婚占比为 17.48%；从人均年收入上看，年收入在 5 万 ~ 10 万元占比最高，占 55.24%，5 万元以下占比最少，为 5.32%。以上结果说明居民收入水平有所提升，生活水平基本得到保障。

从解释变量角度看，可以得出以下结论：从人均住房面积来看，人均住房面积普遍集中在 20 ~ 60 平方米，与之前普遍集中于 29 平方米以下的情况相比有了明显的变化，这个变化是令人满意的，说明城镇居民的住房条件越来越好。从住房产权归属情况上看，中国城镇居民拥有住房的比例较高，符合我国传统住房思想，同时也符合中国居民"买房结婚"的意愿。

从控制变量角度看，可以得出：受教育程度普遍集中在中学文化、大学文化及以上，这说明我国受教育程度随着社会进步、义务教育的实施，加上经济发展时代进步，城镇居民的受教育机会更大，居民的受教育程度也有所提升。城镇居民的收入水平普遍集中在 5 万 ~ 10 万元，可以满足城镇居民生活所需。

三、实证分析

（一）模型建立

从计量经济学的角度来看，设立模型有两层意义：一方面是正确选择模型变量，另一方面是正确设定模型的函数形式。在选择解释变量之前，必须先设定被解释变量，我们把被解释变量设定为个人认为自己所属的某个等级，即被调查者自身认定自己所属阶层的概率，见下式：

$$\ln\left[\frac{p(y=j/x)}{p(y=J/x)}\right] = \beta_0 + \sum_{i=1}^{I}\beta_i x_i + \sum_{k=1}^{K}\beta_k x_k \qquad (5-1)$$

在式（5-1）中，j 为被解释变量，J 为参照量，p 代表选择 j 类自身阶层认同层次的概率，等式右边第 1 个求和算子代表解释变量，第 2 个求和算子代表控制变量。在给定了被解释变量的形式之后，模型的构建需要一系列解释变量。模型应该纳入所有在理论上可以接受的解释变量。在构建模型阶段，我们需要预测反应变量的候选解释变量，并将它们全部纳入模型中。在解释变量中：用 own-ership 表示住房产权归属情况，用 Aarea 表示人均住房面积。在控制变量中：用 education 表示受教育程度，用 income 表示人均年收入水平，用 age 表示年龄，用 marriage 表示婚姻状况，用 gender 表示性别。写成模型则表现为：

$$\ln\left(\frac{P(Y_i = j)}{P(Y_i = J)}\right) = \beta_0 + \beta_1 \text{ownership} + \beta_2 \text{Aarea} + \beta_3 \text{age} + \beta_4 \text{income}$$
$$+ \beta_5 \text{education} + \beta_6 \text{marriage} + \beta_7 \text{gender} + \varepsilon \qquad (5-2)$$

假设从统计的显著性角度来分析，通常采用检验被解释变量和解释变量之间关系的方式来选择解释变量。假设解释变量为连续变量，那么可以通过 Logit 回归模型来进行显著性检验。

（二）多元 Logit 模型实证分析

针对以上研究，接下来本节对模型进行简单的整理，利用 Logit 回归进行实证分析，在进行数据多次筛选和整理后，得出的 Logit 回归结果见表 5-4。

由表 5-4 可知，样本的预测准确度较高，说明 Logit 回归的置信度较高。从人均住房面积与自我认同阶层的关系可以看出，住房面积越小，城镇居民的自我认同阶层就越低，反之，自我认同阶层则越高。住房产权归属情况对自我阶层认同同样产生显著影响，本次回归分析从自我角度出发，得出自己拥有住房的居民自我认同阶层较高的结论；人均年收入与自我社会认同成正比，受教育程度的影响水平先增后减。从性别上看，女性在社会中的自我认同阶层要高于男性，大多数认为自己处于中上等阶层地位。从婚姻状况看，已婚的城镇居民的自我认同阶层要高于未婚居民。

根据以上结果我们得出以下 4 个结论：

第一，受访者住房面积大小差异对受访者的阶层主观自我的差异有显著影响，当受访者的人均住房面积在 20~29 平方米时，受访者认为自己所处的社会阶层普遍集中在 4~5 层次；当受访者的人均住房面积在 30~39 平方米时，受访者认为自己所处的社会阶层普遍集中在 5~7 层次；当受访者的人均住房面积在 60 平方米及以上时，受访者认为自己所处的社会阶层集中在第 8~9 层次；而当受访者的人均住房面积在 40~59 平方米时，受访者认为自己所处的社会阶层集中在第 10 层次（最高层）。通过该结果可以看出，城镇居民阶层均

表5-4　不同阶层主观自我评价概率的多元 Logistic 回归结果

变量		1层次（最底层）	2层次	3层次	4层次	5层次	6层次	7层次	8层次	9层次	10层次（最高层）
性别	男	0.0582 / −0.4800	0.3086*** / −3.3400	−0.0799 / −1.0200	−0.1010 / −1.6200	−0.2863 / −0.3200	−0.1610 / −1.2700	−0.4874** / −2.4100	−0.1125 / −0.2100	0.1417 / −0.2800	0.0596 / −0.4900
婚姻状况	已婚	0.0438 / −0.2500	−0.3268** / −2.7800	0.0466 / −0.4200	0.0821 / −0.9300	0.4082 / −0.2600	0.1524 / −0.8400	0.0372 / −0.1400	1.1667 / −1.1200	0.9467 / −0.9100	0.0507 / −0.2900
人均年收入	人均年收入	−0.2608*** / −4.2900	0.2957*** / −6.7700	0.0859** / −2.5300	0.0455* / −1.7500	0.4511 / −1.4200	0.2760*** / −5.7300	0.3368*** / −4.4900	0.0851 / −0.3900	0.1496 / −0.6100	0.2615*** / −4.3100
受教育程度	小学文化	−0.4065*** / −2.7000	0.1467 / −1.2900	0.0632 / −0.6000	0.0546 / −0.6500	0.4253 / −0.3400	0.3100 / −1.6200	0.1386 / −0.5000	0.1005 / −0.1600	0.0350 / −0.3700	0.4056*** / −2.6900
受教育程度	中学文化	0.0079 / −0.1100	0.0669 / −1.3000	0.0649 / −1.4000	0.0219 / −0.6000	0.4922 / −1.0900	0.1378* / −1.8700	0.0903 / −0.7300	0.3842 / −1.1800	0.1436 / −0.4900	0.0074 / −0.1000
受教育程度	大学及以上	0.1044 / −2.0000	0.0687* / −1.7300	0.0210 / −0.6000	0.0026 / −0.0900	0.3491 / −0.8900	0.0475 / −0.8700	0.1119 / −1.3600	0.0009 / −0.0200	−0.0677 / −0.3100	0.1034** / −1.9900
人均住房面积（平方米）	20~29	0.0579 / −0.3500	0.0565 / −0.4500	0.1663* / −1.5900	0.1470* / −0.9400	0.2589 / −0.5900	0.0838 / −0.9600	0.1674 / −0.6400	0.5348 / −0.6000	0.1579 / −0.2100	0.0597 / −0.3600
人均住房面积（平方米）	30~39	0.1075 / −1.1400	0.0499 / −0.7300	0.1085 / −0.9300	0.1299 / −0.9600	0.6072 / −0.7200	0.1322 / −1.3500	0.0976 / −0.6400	0.0860 / −0.2000	0.3025 / −0.6100	0.1101 / −1.1700
人均住房面积（平方米）	40~59	0.0561 / −0.9600	0.0117 / −0.2700	0.0680* / −1.4100	0.0094 / −0.3100	0.0585 / −0.1100	0.0830 / −0.4400	0.0626 / −0.6400	0.1514 / −0.6200	0.1549 / −0.6300	0.0568 / −0.9700
人均住房面积（平方米）	60及以上	0.0917 / −1.2800	0.0230 / −0.4600	0.0324 / −0.7800	0.0148 / −0.4400	0.2361 / −0.5800	0.1130 / −1.1800	0.0629 / −0.6600	0.3273 / −1.3700	—	0.0924 / −1.2900

续表

变量		1层次（最底层）	2层次	3层次	4层次	5层次	6层次	7层次	8层次	9层次	10层次（最高层）
住房归属情况	自己所有	-0.2472 -1.5800	0.2897** -2.5000	0.1118 -1.1500	0.1041 -1.3600	1.6925 -0.9900	0.1184 -0.7700	0.1857 -0.7600	0.0888 -0.1200	0.3647 -0.5300	0.2464 -1.5800
	配偶所有	0.2406 -1.1500	0.0542 -0.7100	0.0001 -0.0760	0.0164 -0.3100	0.0045 -0.0700	0.1905* -1.9100	0.1059 -0.7100	0.3961 -0.8700	0.1026 -0.2600	0.1221 -1.1700
	父母所有	0.1306 -0.8000	0.1717* -2.4200	0.1097 -1.6000	0.1226* -1.9800	—	0.2079 -1.2800	0.2843 -1.1200	0.5952 -1.6200	0.0092 -0.0200	0.0916 -0.8400
	子女所有	0.0556 -0.7500	0.0696 -1.6600	0.0030 (0.07)	0.0565* -1.7300	0.2219 -0.6700	0.0935 -1.1800	0.1831 -1.5200	0.2262 -0.8700	0.0494 -0.2000	0.0420 -0.7500
Pseudo R^2		0.0246	0.0327	0.0064	0.0045	0.0938	0.0331	0.0385	0.0461	0.0283	0.0246
LR statistic（P值）		55.2300 0.0000	117.81 (0.0000)	28.04 (0.0141)	27.29 (0.0176)	11.9 (0.5333)	70.17 (0.0000)	39.4200 (-0.0003)	19.3500 (-0.0808)	16.00 (0.0461)	55.3500 0.0000
Log-likelihoo		-1095.4745	-1740.0137	-2164.2578	-3039.7174	-24.8142	-1024.9833	-492.4351	-967.3957	-102.9981	-1096.2587
预测准确度		0.9369	0.8749	0.8296	0.6618	0.8750	0.9417	0.9776	0.9969	0.9964	0.9371

注：***，**，*分别表示在1%，5%，10%的显著性水平下显著。

感受到人均住房面积的影响是显著的，而使城镇居民认为自己在第10层次的居民人均住房面积并不是最大的类型，而是40～59平方米。这说明城镇居民阶层认同感并不是住房面积越大越好，而是满足居民个人所需，幸福感越高时居民自我的社会阶层认同就越高。从显著性来看，20～29平方米的受访者更加认同住房面积对阶层认同有影响。

第二，受访者住房产权归属情况对受访者的阶层主观自我认同的差异有着显著影响。从表5－4可以看出，当受访者的社会认同感在第6层次时，住房产权归属情况为"自己所有"；同样地，当受访者的社会认同感在第7层次时，住房产权归属情况为"配偶所有"；当受访者的社会认同感在第8层次时，住房产权归属情况为"子女所有"；当受访者的社会认同感在第9层次时，住房产权归属情况为"父母所有"；但当受访者的社会认同感在第10层次时，住房产权归属情况也为"自己所有"。由该结果可以发现，住房产权归"配偶所有""子女所有""父母所有"都对城镇居民自我阶层认同的影响较大，这主要是现代社会中很多父母为子女买房或买房结婚产权归属于自己的配偶所致，即使产权不在自己手中，也会对自己的城市阶层认同影响较大，但是当城镇居民住房产权归"父母所有""自己所有"时，城镇居民的阶层认同感是最高的，这其中原因可能是受访者年龄分布差异。年龄较小的受访者，产权在其父母手中，但是最终都归自己所有。

第三，受访者人均年收入之间的差异对受访者自我的阶层认同有着显著影响，即不管受访者认为自己处于哪个阶层水平，都会受到收入的较大影响，并且收入水平越高，城镇居民的层次自我认同级别就越高。主要是受当今社会"金钱至上"思潮影响，人均年收入越高对一个人的幸福感影响越强，幸福感越强，城镇居民的自我阶层认同感就越高。

第四，受访者受教育程度之间的差异对阶层主观认同之间的差异有着一定程度的影响。当受访者认为自己处在第5层次时，受访者的受教育程度集中在小学教育水平；当受访者认为自己处在第6、7层次时，受访者的受教育程度普遍集中在中学教育水平；当受访者认为自己处在第8层次时，受访者的受教育程度集中在大学教育水平；当受访者认为自己处在第9、10层次时，受访者的受教育程度还是集中在中学教育水平；从总体上看，大学文化水平对城镇居民阶层认同具有显著性影响。这说明受教育程度对城镇居民社会自我认同阶层产生显著影响，当受教育程度提升，居民的自我社会阶层认同感也会提高，但是并不是受教育程度越高就认为自己所处的社会地位越高。

四、结论及建议

通过对 2017 年全国调查数据的分析发现，城镇居民的自我阶层认同受到多方面因素影响，首先，从城镇居民的住房人均面积大小和住房产权归属情况来看，人均住房面积在 40～49 平方米时或住房产权在自己手中时，居民认为自己所处的阶层最高，阶层认同在很大程度上会影响到城镇居民的住房消费。如何让住房消费和阶层认同相互促进，以达到最好的效果，促进城镇居民提升社会融入感和归属感成为本节重点解决的问题。其次，人均年收入、受教育程度等因素对居民阶层认同同样具有重要影响，受教育程度在中学文化水平时，居民认为自己所处的社会阶层最高，呈现倒"U"形；人均年收入越高，城镇居民社会阶层认同也就越高。对此，提出以下 4 点建议：

一是加大社区服务范围，加强居民素质文化教育。在现今城镇居民快节奏的生活方式下，居民对社区内部的生活物质消费也有了一定的要求，即居民对于住房消费的要求也有所提升，这就要求社区的工作有条有序，加大对社区公共设施和社区内部商业发展的投入。与此同时，可以开设社区读书屋、文化屋来提升居民素质文化教育，提升居民的归属感、幸福感和参与感。

二是提高居民收入，改善住房供给结构。收入状况对居民的阶层认同影响很大，要想提升居民住房消费能力和阶层认同等级，可以适当提高居民收入水平、改善居民住房供给结构，建立健全住房保障机制，切实从居民利益出发，考虑和解决问题，同时需要建立更加公平的住房获利政策来解决住房阶层分化的问题，这就要求政府为居民提供住房福利政策，给予不同收入群体不同的住房补贴政策，按收入进行补贴，使得不论是低收入者还是高收入者都能拥有高质量的住房环境，消除城镇居民住房差距，缓解因住房不平等问题而引起的自我阶层认同问题。

三是加大民生投入，扩大城镇公共服务支出。政府对城镇的住房政策起着至关重要的作用，政府不仅要致力于改善居民的住房条件，缩小城镇内部不同社区之间的公共基础差异，还要进一步加大民生投入，扩大城镇公共服务的供给，实现公共服务的均等化。

四是稳定房价，引导树立正确观念。由于经济的发展，房价的增长幅度也很大，给不少城镇居民带来了更大的购房压力，同样也不利于吸引居民在城镇定居，推动城镇发展。如何留住居民在城市定居成为主要问题，对此，政府应当致力于稳定房价，加大宣传力度，以正确的方式引导居民形成正确的购房观念，引导居民购买住房，提升居民对城镇的归属感。

第三节　住房消费与农民工城市融入

一、相关研究基础

城镇化的脚步在不断前进，流动人口中农民工群体的城市融入也成为热门话题，当代学者对此研究日益增多。瑞吉塔（Rijt A. V. D.，2013）认为，所受教育程度、所得收入、年龄结构等一些自身特征对农民工城市融入具有影响。叶（Bei Ye，2021）根据中国农民工的相关数据，以全国的义务教育为基础进行研究，研究发现，受教育程度是农民工城市融入的重要影响因素。因为农民工融入城市的基本单位是家庭，并且父母会将子女的教育放在首位，所以认为子女接受教育是农民工融入城市的重要因素。而学者拉帕波特（Rappaport，2004）认为，降低房价能提升移民的社会融入，较低的房价会减少农民工的住房负担，使他们对城市的好感度增加，随着生活习惯的养成，留在城市的意愿加强，再加上没有住房压力，城市融入度显然会上升。

除了国外学者对城市融入的研究以外，我国很多学者也对此进行了研究。卢海阳和郑逸芳（2016）对农民工的城市融入进行行为分析，得出健康人力资本、迁移模式和户籍地都是农民工城市融入的影响因素。刘金凤和魏后凯（2021）通过对流入地和流出地的分析，得出城市房价是农民工定居意愿的重要影响因素，高涨的房价显著降低了农民工的定居意愿，阻碍了农民工城市融入的进程。谢建社和朱小练（2020）对农民工城市融入的社会心态进行了研究，健康的心态有利于农民工的城市融入。由于住房是农民工在外就业首先需要考虑的问题，可随着房价的不断上涨等其他因素，流动人口中农民工城市融入所面临的问题更加严峻。董昕和周卫华（2014）分析各个地区的住房市场，得出了不同区域的农民工家庭住房消费水平不同，对城市融入的程度也就不同的结论。张鑫睿和楼振锋（2020）运用描述性分析法，从家庭人口因素、家庭收入、家庭随迁情况三个方面分析了家庭因素对农民工住房消费的影响，他们认为家庭人口因素降低了农民工对其他住房选择的多样性，认为只有解决农民工住房消费问题，才能促进农民工的城市融入。孟凡强和上官茹霜（2020）认为住房消费成为流动人口的重要负担，其研究了流动人口中住房消费的异质性，发现农民工租房比例较高。林李月和朱宇（2014）等基于"六普"数据研究了流动人口住房状况的空间分布，发现流动人口的居住区域环境较差，存在明显的集聚现象，对流动人口的城市融入产生巨大影响。农民工的类型不同，受到住房消费的影响也有所差异。周芳名（2020）对新生代农民工的城市融入影响因素进行分析，从农民工自身因素和流入地因素两个角度出发进行研究，并提出针对性意见。赵晔琴和梁翠玲（2014）通过 CGSS 数据分析了农民工的住房消费，研究住房消费对农民工阶层认同的影响。李海波和尹华北（2018）通过模糊集理论研究了住房消费对农民工城市融入的影响及其差异性，并针对结论提出意见，以促进农民工的城市融入，带动经济发展。

综上所述，影响农民工城市融入的因素众多，比如教育程度、所得收入、社会心理等，对住房消费的研究成果也很多，但将这两者很好结合起来的文献是较少的，并且由于农民工自身存在差异性，所以会对其产生不同的影响。基于当前已有的研究成果，本节对住房消费影响农民工城市融入进行理论上的梳理，综述现今农民工城市融入现状，实证分析住房消费对农民工城市融入的影响和对不同类型的农民工影响的差异性，并对推进农民工城市融入发展提出建议。

二、农民工住房消费和城市融入的现状分析

本章研究的住房消费主要从两个方面出发：住房产权和人均住房面积。

（一）住房产权

住房产权是农民工是否融入城市的重要考察指标之一，我们通过统计分析农民工的住房产权，可以了解到房屋是农民工购买的还是租赁的，其数据来源于 CGSS2017 数据中的多选项问题"您现在居住的这套住房的产权（部分或全部产权）属于谁"，具体分布情况见图 5-3。

由于农民工类型的不统一性，住房产权分布有着较大的差异，根据出生年月来划分，以 1980 年出生为界线划分"老一代农民工"和"新生代农民工"。而两代农民工的住房产权拥有度差别较大，如图 5-4 所示，在 6767 个农民工样本里，老一代农民工拥有住房产权的人数比新生代农民工多，且差异较大。

除此以外，婚姻状况不同，住房产权的分布情况也不同，如图 5 - 5 所示，已婚农民工拥有住房产权的人数比未婚农民工多。

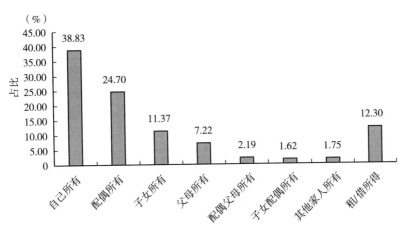

图 5 - 3　农民工住房产权分布

资料来源：根据中国综合社会调查（CGSS）2017 年的相关数据整理。

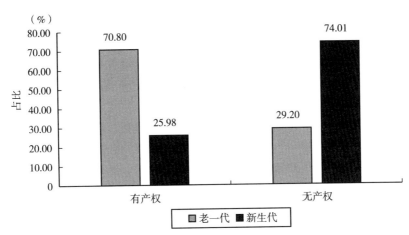

图 5 - 4　新生代与老一代农民工住房产权分布情况

资料来源：根据中国综合社会调查（CGSS）2017 年的相关数据整理。

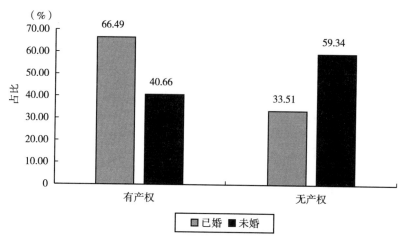

图5-5 已婚与未婚农民工的住房产权分布情况

资料来源：根据中国综合社会调查（CGSS）2017年的相关数据整理。

（二）住房面积

住房面积用来反映农民工的居住环境状况，直接反映出农民工的居住条件及生活状态。利用公式"房屋住宅面积"除以"居住人数"算出人均居住面积。

表5-5为农民工人均住房面积分布情况，其中，人均面积低于20平方米的有17.64%，20~60平方米之间的最多，整体上存在着较大的差异性。

表5-5 农民工人均居住面积分布情况

人均居住面积（平方米）	人数（人）	占比（%）
20以下	1194	17.64
20~39	2513	37.14
40~60	1648	24.35
60以上	2078	30.70

资料来源：根据中国综合社会调查（CGSS）2017年的相关数据整理。

人均住房面积在不同类型的农民工中占比各不一样，从图5-6、图5-7中可以发现：人均居住面积达60平方米以上的老一代农民工人数占38.71%，而新生代农民工只占24.82%，两者之间存在较大差异；已婚农民工与未婚农民工的人均住房面积占比各不相同，人均住房面积在60平方米以下的已婚农民工占比普遍高于未婚农民工，但在60平方米以上，未婚农民工比已婚农民工占比高出了15%以上。

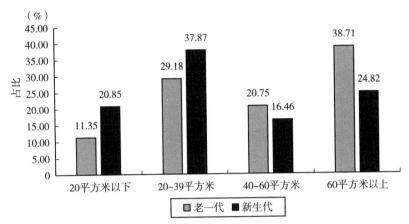

图5-6 老一代与新生代农民工人均住房面积占比情况

资料来源：根据中国综合社会调查（CGSS）2017年的相关数据整理。

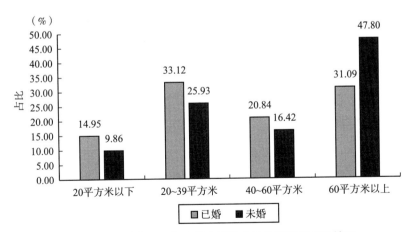

图5-7 已婚农民工与未婚农民工人均住房面积占比情况

资料来源：根据中国综合社会调查（CGSS）2017年的相关数据整理。

三、农民工城市融入的现状分析

(一) 城市融入指标构建与赋值

本节在已有研究的基础上,将经济保障、心理认同和行为习惯这三个层面归为农民工城市融入,其中,"您家的家庭经济状况在所在地属于哪一档"、"是否签订劳动合同"和"您目前的身体健康状况"三个指标用来衡量经济保障,与邻居的社交情况、与朋友的活动频率和是否参加居委会选举三个指标用来衡量行为习惯,认为社会是否公平、认为自身是否幸福和同不同意相信绝大部分的陌生人三个指标用来衡量心理认同。对每个指标进行赋值,得出结果如表5-6所示。

表5-6 城市融入的赋值与统计性描述

分类	指标	赋值	均值	标准差
经济保障	您家的家庭经济状况在所在地属于哪一档	远低于平均水平=1;低于平均水平=2;平均水平=3;高于平均水平=4;远高于平均水平=5	0.7465	2.4116
	是否签订劳动合同	签订=1 没签=0	0.4978	0.4508
	您目前的身体健康状况	很不健康=1;比较不健康=2;一般=3;比较健康=4;很健康=5	1.1626	3.334
行为习惯	与邻居进行社交娱乐活动的频繁程度	从来不=0;一年1次或更少=1;一年几次=2;一个月1次=3;一个月几次=4;一周1~2次=5;几乎每天=6	2.1367	3.3382
	与其他朋友进行社交娱乐的频繁程度	从来不=0;一年1次或更少=1;一年几次=2;一个月1次=3;一个月几次=4;一周1~2次=5;几乎每天=6	1.9585	2.8209
	居委会选举是否参加投票	是=1 否=0	0.4974	0.5516

分类	指标	赋值	均值	标准差
心理认同	总的来说，感觉生活是否幸福？	非常不幸福 = 1；比较不幸福 = 2；说不上幸福不幸福 = 3；比较幸福 = 4；非常幸福 = 5	0.8927	3.763
	总的来说，认为当今社会公不公平？	完全不公平 = 1；比较不公平 = 2；说不上公平也不能说不公平 = 3；比较公平 = 4；完全公平 = 5	1.0900	3.1
	总的来说，您同不同意在这个社会上，绝大多数人都是可以信任的？	非常不同意 = 1；比较不同意 = 2；说不上同意不同意 = 3；比较同意 = 4；非常同意 = 5	1.0292	3.4765

资料来源：根据中国综合社会调查（CGSS）2017年的相关数据整理。

（二）隶属度测算

对各个指标隶属度进行测算。隶属度测算函数如式（5-3）所示：

$$u(x_{ij}) = \begin{cases} 0 & x_{ij} = \min(x_{ij}) \\ \dfrac{x_{ij} - \min(x_{ij})}{\max(x_{ij}) - \min(x_{ij})} & \min(x_{ij}) < x_{ij} < \max(x_{ij}) \\ 1 & x_{ij} = \max(x_{ij}) \end{cases} \quad (5-3)$$

（三）城市融入度的测算

本节采用多层次综合评价方法对农民工城市融入进行测算。由于包括"经济保障""心理认同"和"行为习惯"三类因素，因此先算出某种因素在所属种类中的城市融入度，比如家庭经济情况在经济保障中的融入度；再算出该因素在整体因素中的城市融入度，即经济保障在三个层面中的融入度。具体步骤：设 X_{ij} 在自己所属分类中的权重为 a_{ij}，则第 k 类因素的城市融入度可表示为 $\text{integration}_{ik} = \sum u(X_{ij})a_{ij}$；设第 k 类因素在整体因素中的权重为 w_k，按同样的方法可测算出第 i 个样本的城市融入度。为测算方便，本节采用算术平均法，即 $a_{ij} = \{1/3\}$，$w_k = \{1/3\}$。因此，农民工城市融入度的测算公式可表述为：

$$\text{integration}_i = \left(\sum_{j=1}^{9} u(X_{ij})/3 \right)/3 \quad (5-4)$$

（四）城市融入度的现状分析

根据公式可测算出每个样本的城市融入度，对其进行归纳整理可以得出整个农民工城市融入度的均值和标准差。平均值为0.4929，标准差为0.1290。为了研究城市融入度的差异性，将农民工按照年龄、婚姻状况划分，分别求得城市融入度。表5-7选取了10个类型农民工样本的城市融入度，由表5-7可以明显看出他们之间存在着很大的差异性。

表5-7 　　　　　　　　　　部分农民工样本的城市融入度

老一代农民工	新生代农民工	已婚农民工	未婚农民工
0.4352	0.1481	0.4352	0.5463
0.3426	0.6574	0.6574	0.6389
0.6944	0.5463	0.6944	0.6759
0.3333	0.5185	0.3333	0.2870
0.5370	0.2407	0.3519	0.5926
0.3519	0.4259	0.3611	0.4074
0.3611	0.5463	0.6389	0.3981
0.6389	0.4815	0.3889	0.2222
0.3889	0.6667	0.2130	0.3981
0.2130	0.4722	0.7037	0.4722

资料来源：根据中国综合社会调查（CGSS）2017年的相关数据整理。

四、住房消费对农民工城市融入影响的实证分析

（一）模型构建

本节使用Stata软件选用OLS回归模型考察住房消费对农民工城市融入的影响。因变量为农民工城市融入度（$integration_i$），即第i个农民工的城市融入度，自变量为住房消费水平（$consumpyion_i$），通过住房产权属性和住房面积来反映。为保证整个模型的合理设定和顺利运行，控制变量用性别、年龄、婚姻

状况、受教育程度、所在地区等来反映个人特征（personal$_i$）。本节借鉴李海波（2018）的文章，将回归模型设立为式（5-5）：

$$integration_i = c_i + \alpha_i consumption_i + \beta_i personal_i + \mu_i \qquad (5-5)$$

（二）变量选取与数据来源

因变量用住房消费有无住房产权和人均住房面积来反映，对有无产权、面积大小进行区分赋值；控制变量为个人特征，按照年龄划分为新生代、老一代农民工；根据国家地理位置划分，分为东部地区、中部地区、西部地区，具体如表5-8所示。

表5-8　　　　　　　　　　　　　自变量赋值

自变量		赋值
住房消费	住房产权	自身产权=1；无产权=0
	住房面积（平方米）	"60<"=4；"40~59"=3；"20~39"=2；"20>"=1
控制变量	性别	男=1　女=0
	类型	老一代农民工=0　新生代农民工=1
	婚姻	未婚=0　已婚=1
	教育	小学及以下=1；初中=2；高中/中专=3；大专及以上=4
	所在地区	东部城市=1；中部城市=2；西部城市=3

资料来源：根据中国综合社会调查（CGSS）2017年的相关数据整理。

本节使用的数据是2017年中国综合社会调查的数据。数据中总共包括全国各市的12583个样本，由于本节重点研究农民工的城市融入，所以选取依据为"农村户口"，共获得6767个研究样本。

（三）实证分析

1. 住房消费对农民工城市融入影响的回归结果

本节使用OLS回归模型来进行住房消费对农民工城市融入影响的分析，见表5-9。

表 5 – 9　　　　　　　住房消费对农民工城市融入影响的 OLS 回归

自变量		标准系数	标准误	t	P > t
住房消费	住房产权	0.0314	0.0040 ***	7.87	0
	住房面积	0.0093	0.0017 ***	5.55	0
控制变量	性别	0.0067	0.0034	1.94	0.7814
	类型	0.0005	0.0051	0.09	0.4234
	婚姻状况	0.0356	0.0063 ***	5.7	0
	受教育程度	0.0296	0.0023 **	12.94	0
	所在地区	− 0.0119	0.0022	− 5.34	0

注：***、**、*分别表示在1%、5%、10%的显著性水平下显著。

　　由回归结果可得，在住房消费变量影响方面，住房产权和住房面积与农民工城市融入呈显著正相关，即住房消费越多，城市融入度越高。具体而言，住房产权对农民工的城市融入影响最为直接，拥有房屋产权，在城市里就无须考虑居住的问题，即使在外也有家可归，当生活圈内的人或事都已成习惯，那么留在该城市的意愿更加强烈，也就是说，拥有住房产权的农民工城市融入度最高，这跟我国传统的"居者有其屋"观念有关。而住房面积则可以体现出生活环境，人均住房面积大，生活质量就不会很低，对生活质量的要求也会越来越高，对城市融入的渴望也会增加，因此，城市融入度也越高。

　　在控制变量方面，农民工的个人特征如性别、类型对城市融入度的影响均不显著。婚姻状况、教育程度对农民工城市融入呈显著正相关，已婚农民工稳定性更强，为了子女的教育、医疗，更愿意留在城区，融入度就越高；教育程度越高，其能力修养也达到一定水平，适应城市生活能力更强，对城市的追求向往更多，因此留下来的几率更大，融入度越高。

2. 住房消费对不同类型农民工城市融入影响的异质性分析

　　由于农民工本身类型的差异性，住房消费对其的影响也产生了差异，本节为了更好地了解其差异性，从农民工的类型和婚姻状况两个划分标准来进行因素分析。如表 5 – 10 所示。

表 5 - 10　　　住房消费对不同类型农民工城市融入影响的 OLS 回归结果

自变量		类型		婚姻状况	
		新生代	老一代	已婚	未婚
住房消费	住房产权	0.1304 ***	0.6273 ***	0.0807 ***	0.0563 **
	人均居住面积	0.1557 ***	0.1485 ***	0.0482 ***	0.0464
控制变量	性别	0.0764	0.0594	- 0.008	0.0133
	类型	—	—	0.0027	0.022
	婚姻状况	0.0863	0.1407 *	—	—
	受教育程度	0.0966	0.0973	0.0803 **	0.0681 **
	所在地区	- 0.1504	- 0.1116	- 0.1115	- 0.1033

注：***、**、*分别表示在1%、5%、10%的显著性水平下显著。

　　根据回归结果分析可得，在农民工类型方面，住房产权、人均居住面积与城市融入呈显著正相关，在住房产权方面，新生代农民工与老一代农民工差距较大，因为老一代农民工的年龄较大，身体素质较差，就业机会变少，不愿再去漂泊不定，更愿意有一个稳定的住所，拥有房屋所有权即拥有了稳定住房，对城市的融入格外重要，所以老一代农民工更加在意住房产权。在人均居住面积上，老一代农民工与新生代农民工差异不大。控制变量方面，性别因素和地区因素对不同类型的农民工城市融入影响不显著。婚姻状况对两代农民工城市融入的影响不同，对新生代农民工城市融入影响不显著，对老一代农民工城市融入影响显著。

　　在婚姻状况比较方面，住房产权和人均住房面积与城市融入均呈现显著正向关联。其中，住房产权和人均住房面积对已婚农民工的城市融入影响大于对未婚农民工的影响，由此得出，已婚农民工更加注重房屋的所有权和人均居住面积，对生活的质量要求比未婚农民工更高。更多的已婚农民工对住房消费的要求是基于家庭日常生活、子女的医疗教育而定的，这也是比未婚农民工更加注重住房消费的原因所在。在控制变量方面，性别、类型和所在地区因素对已婚和未婚农民工城市融入的影响都不显著，教育因素对已婚和未婚农民工的城市融入影响较为显著。

五、结论与建议

本节从 2017 年中国综合社会调查数据中筛选获得了 6767 个样本，通过这些样本来研究住房消费对农民工城市融入的影响及其差异性。研究得出，住房消费对农民工的城市融入有着显著的正向影响，住房消费越高，城市融入度越高。在控制变量方面，农民工的受教育程度、婚姻状况与农民工的城市融入有显著的相关性，受教育程度越高，城市融入度越高，已婚农民工比未婚农民工对城市融入的渴望更大；而性别、年龄类型这些变量对农民工城市融入的影响不显著。住房消费对城市融入的影响在不同群体间呈现出差异性，其中，在影响城市融入的住房消费中，已婚农民工比未婚农民工更重视住房产权和住房面积，因为已婚且有配偶的农民工，会具有较为强烈的城市融合愿望，也更有动力主动寻求城市融合。而如果农民工处于未婚状态，或者配偶一方留守，则对城市融合的愿望相对较低。老一代农民工比新生代农民工更重视住房产权，因为老一代农民工思想较为陈旧，认为房屋是家的承载体，更加看重对房产的所有权。对此，提出以下 4 点建议：

第一，深化户籍制度的改革，打破制度性障碍。解决我国农村流动人口的城市融合问题，制度改革是关键。由于乡镇的社会公共服务和社会保障机制落后于城区，出现了不均等化问题，通过户籍制度改革，可以解决这些问题，从而进一步处理农民工的城市融合问题。完善保障机制可增加农民工的定居意愿，使他们产生想要长久在城区生活发展的想法，更好地带动乡镇其他人员促进城乡融合。

第二，提高农民工自身修养，提升其工作技能。尽管有些农民工受教育程度较高，工资收入也不低，对城市融入没有很多的限制，但是大部分农民工仍然面临就业能力的难题，因此要加大对此的关注。可以提供就业培训，指导新生代农民工城市创业与就业，给予财政支持，鼓励新生代农民工认清城市就业现状，积极参与职业培训，提升职业素养，通过就业能力与收入水平的提高，促进新生代农民工的自我认同感和城市生活的心理融合。

第三，推进社会公平，消除融入壁垒。现阶段城区的教育及医疗有着明确限制，这对农民工及子女生活很不方便，因此需进一步调整，提升制度公平性。农民工在外就业赚钱是为了子女和家庭，如果子女的教育不能够得到应有的保障，对农民工的城市融入将产生直接影响。具体上说：教育方面放宽对农村子女在公立学校上学的条件，包括中考、高考的户籍限制，同时扼制其他私立学校的肆意收费加重农民工负担；完善办理相关手续机制，更好保证学生接受教育，简化手续，使政策落到实处。在医疗方面，注重社会的公平性，扩大农民工的社会保障范围，简化医疗保险报销流程手续，更好地服务该群体，让农民工没有后顾之忧，愿意留在该城市。

第四，建立健全农民工住房机制。农民工的城市融入首要问题即住房，没有居住地，一切都无法实现。政府要加大对农民工的住房关注，比如降低廉租房申请的门槛，适当给予补贴保障，提高农民工享有的住房公积金比例，让更多的农民工有地可住有地可选。同时增加市场的流通性，让农民工及时收到住房信息，为自己寻得一个合适的居住环境。

第四节　本 章 小 结

本章基于 2017 年中国综合社会调查数据，研究住房消费对城镇居民阶层认同所产生的影响，分析发现：人均住房面积、住房产权归属情况对城镇居民的阶层认同影响显著，其中，人均居住面积并不是面积越大，居民阶层认同越高，而是在人均住房面积为 40～59 平方米时最高；住房产权归"父母所有"和"自己所有"时居民的社会阶层认同较高。居民人均年收入、受教育程度对居民自我阶层认同同样产生重要的影响，其中，居民人均年收入与其阶层认同呈正相关，收入越高，城镇居民认为的社会阶层就越高；城镇居民的受教育程度与阶层认同呈现出一种倒"U"形分布。而城镇居民的性别、婚姻状况对城镇居民自我阶层认同产生的影响较弱。针对上述结果，政府可以通过增加居民收入、改善居民住房环境等政策来解决居民在住房需求中所产生的问题并给予相应的引导。

本章对在城镇化进程不断加快的背景下农民工城市融入进行研究，对农民工的概念进行界定，并对城市融入问题作理论梳理，综合国内外学者的研究发现影响城市融入的因素众多。本章主要研究了住房消费这一因素，因为住房和农民工有着密切的联系。首先对住房消费进行赋值测算，主要依据住房产权和人均居住面积来测算；其次对城市融入度进行了测算，3 个层面 10 个指标依次测算其占比，得出每个样本农民工的城市融入度；最后建立模型进行回归检验，得出住房消费对农民工城市融入有重要的促进作用，住房消费越高，城市融入度越高。除此以外，分别对个人特征不同的农民工依次进行回归检验，得出新生代农民工与老一代农民工、已婚农民工与未婚农民工之间存在着差异，即住房消费对农民工城市融入影响存在差异性。由此可得，农民工的城市融入问题变得更加重要，随着城镇化的发展，农民工越来越多地想融入城市，所以我们应该多关爱农民工群体，为他们进入城市提供良好的基础设施和公共服务，并鼓励农民工就近就业，这样可以不断提高农民工的城市归属感，提升农民工的幸福指数，进而提升农民工定居城市意愿，推动以人为核心的城镇化不断建设。

第六章

流动人口城市定居及其影响因素

第一节 相 关 理 论

一、相关概念

流动人口包括外来流入人口和暂时住入人口、务工人员等。我国流动人口动态监测及全国人口普查中对流动人口的定义为：户口登记所在地与现居住地不一致，且离开户口登记所在地半年以上的人口。字面意思与之相近的迁移人口，不仅指的是地理位置发生移动，且户口也随之迁到流入地，两者有性质上的区别。城市流动人口具体分为正常流动人口和非正常流动人口两类。

（1）正常流动人口包括外出游玩、公司业务出行、探亲访友、教育培训、劳务工作等外来流入人员。

（2）非正常流动人口则包括盲目流入城市的乞讨要饭之人、无经济收入之人，逃避法律追究的违法犯罪分子等。本节主要以正常城市流动人口为研究主体，来分析影响城市流动人口定居意愿的因素。

二、理论基础

人口流动在全球人口学术界上被认为是影响一个城市或地区发展的重要因素，无论是地区之间的人口迁移，还是地区内部的人口流动，都会给当地的发展带来积极影响，人口流动会优化当地的人口结构，满足工业化发展的多样化需求；同时也会增加当地的劳动力，满足各个部门的人才需要，刺激经济的发展以此带来更多的就业机会；不同地区的流动人口汇聚一地，也会带来不同文明习俗的碰撞，形成丰富多彩的文化，增强当地的文化底蕴。因此，有关人口的空间流动和劳动者的迁徙在国际上也被很多学者所关注。对人口迁移进行第一次全面系统理论研究的，是来自英国的统计学家拉文斯坦。随着社会的发展，关于人口迁移的相关理论也在不断发展和完善，包括推拉理论与社会流动人口融入理论等。下面对以上理论进行简单的概括。

（一）拉文斯坦人口迁移规律学说

人口迁移学说，主要是由英国学者拉文斯坦根据英国人口迁移的特点，在19世纪90年代后总结出来的一系列规则。对当前中国社会的人口流动仍具有极大的参考意义，可以给中国研究人口流动方面的学者提供一定的理论支持。拉文斯坦人口迁移学说总结的规则主要包括9条：（1）大部分人口迁移主要是由于经济方面因素；（2）村镇居民与城市居民相比更具有迁移意向；（3）迁移人口更倾向于就近的城市，距离远的城市，迁移人口数量会相应减少，总结为迁移的人口数量与迁移距离呈反向关系；（4）人口迁移具有较强的阶梯性，即一般为城市周边的人口会先行迁入该城市，随后偏远地区的人口才会紧接着迁入该城市空隙部分；（5）每一次大的人口迁移也会带来作为补偿的反向流动；（6）迁移人口中的女性，更偏向于距离较近的迁移；（7）迁入地的经济发展状况与交通发达程度是刺激移民数量增加的重要因素；（8）迁移人口中的长距离迁移，主要以迁入大城市为主；（9）向外进行迁移的人口，大多年龄在20~35岁。

（二）推拉理论学说

在第一次系统地阐述了人口迁移学说之后，20世纪60年代美国学者李（E. S. Lee）在前人研究的基础上，完善并系统地提出了"推拉理论"，该理论从迁入地与迁出地两点出发，第一次将人口迁移的影响因素分为两大方面，一个方面是迁入地的拉力作用，一个方面是迁出地的推力作用。并且只有在推力和拉力不均衡时才会出现人口迁移的现象，人们往往会从推力较小的城市迁往拉力较大的城市。这也符合我国当前人口流动的整体特征，一半以上的流动人口都是从相对经济落后不发达的小城市，流入经济发达、就业机会充足的大城市。尽管 E. S. Lee 的"推拉理论"在前人的研究上有所突破，但是他将影响人口流动的因素只简单地归为城市拉力与推力，并未加入不同地区群体的个性差异，缺乏人口迁移过程中的创造性思维。

（三）流动人口社会融入理论

流动人口在融入城市中时表现为一种经济关系、物质资料分配的规则及先后顺序，涉及政府的政策供给、流入城市的经济发展结构及当地居民的心理态度和行为，不是一个一维的层面，而是多维的、循环渐进的、动态的、相互影响的过程。流动人口的社会融入是指流动人口在城市居住6个月以上，且在劳动报酬、工作及住所达到相对稳定的基础之上，在生活方式、幸福感知、文化认同方面以整体的方式融入流入城市的人口，是社会不同个体和群体之间及不同文化之间的相互融合、相互适应。社会融入就是流动人口在流入城市能够与当地居民、政府、社会组织构建相互关系，以本地人的感知在当地工作生活，从物质上的融入到精神上融入的动态过程。

三、我国城市流动人口特征

（一）流动人口数量巨大且逐渐以年轻化为主

根据第七次全国人口普查数据及各项调查报告显示，我国流动人口中多以18～45岁年轻人为主，较以往相比，流动人口呈年轻化趋势，且数量达到3.7亿人以上。2011～2021年我国流动人口数量变化见图6-1。

如图6-1所示，2011～2021年，我国流动人口总体呈稳步上升趋势，2021年更是达到了3.85亿之多，2020年较2019年增长了52.23%，而2021年较2020年增长2.39%。

（二）流动人口学历逐步提升

随着国家越来越注重基础教育建设，提高国家整体教育水平，我国未受过教育的人口逐渐减少。因此，流动人口受教育水平由以前的未读过小学、初中为主，转变为当前的以初中及以上学历为主。如图6-2所示，2012～2018年，我国高中及以上学历的流动人口比重明显增加，大学本科的占比更是从2012年的2.5%升至6.27%。

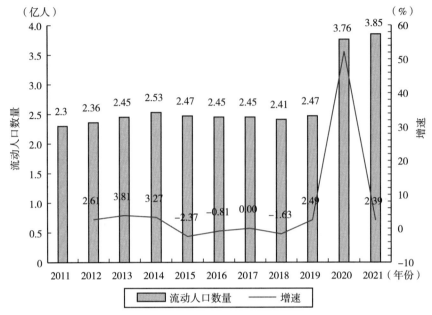

图 6 - 1 2011～2021 年我国流动人口数量变化

资料来源：国家卫生健康委流动人口数据平台，https：//www. chinaldrk. org. cn/。

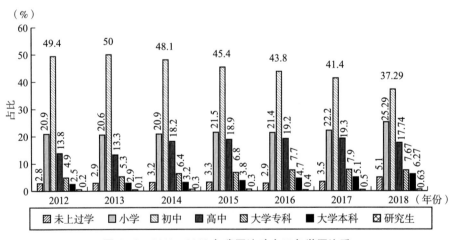

图 6 - 2 2012～2018 年我国流动人口各学历比重

资料来源：国家卫生健康委流动人口数据平台，https：//www. chinaldrk. org. cn/。

（三）流动人口流入城市的目的以追求高收入为主

随着社会经济的发展，小城市的经济收入很难再满足当前人们对高质量生活水平的追求，他们开始以高工资收入为主要目的进行流动，流入能够提供更高工作收入的城市。如图 6 - 3 所示，根据流动人口动态监测数据，2012 ～ 2018 年我国流动人口平均月收入总体呈稳定增长趋势，由 2012 年的 3196 元增加至 2018 年的 5441 元，增速接近 70.2%。

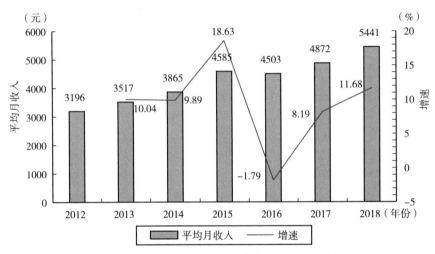

图 6 - 3　2012 ～ 2018 年我国流动人口平均月收入

资料来源：国家卫生健康委流动人口数据平台，https：//www. chinaldrk. org. cn/。

（四）流动人口以农民工为主

城镇化的快速发展导致建筑工地成批出现，需大量农民工进行建设，所以在流动人口中多以农民工为主。他们一方面是为了现代化城市的建设，另一方面也是为了更稳定更高收入的就业岗位。根据图 6 - 4 所示，2012 ～ 2018 年，我国流动人口中农业户口性质的人口占比基本保持在 80% 左右。在农业户口的流动人群中又以农民工为主。

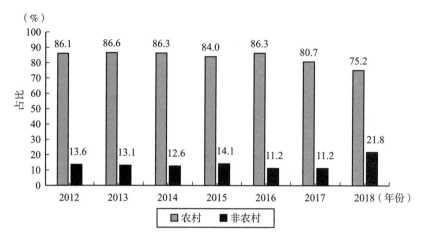

图 6 - 4　2012～2018 年我国流动人口户籍情况占比

资料来源：国家卫生健康委流动人口数据平台，https：//www. chinaldrk. org. cn/。

第二节　流动人口城市购房意愿及其影响因素

　　《中华人民共和国国民经济和社会发展第十四个五年规划和 2035 年远景目标纲要》强调，要深入推进以人为核心的新型城镇化战略，深化户籍制度改革，加快农业转移人口市民化。流动人口是推动我国新型城镇化的重要力量，流入地购房意愿直接关系到流动人口市民化的路径选择与城镇化的高质量发展。第七次全国人口普查结果表明，2020 年我国人户分离人口达到 4.93 亿人，约占总人口的 35%，居住地与户籍所在地不一致的现象已相当普遍。其中，流动人口达 3.76 亿人，10 年间增长将近 70%。[1] 住房问题是流动人口进入流入地后首要解决的关键性问题。如何吸引流动人口，并使其住有所居，已成为各城市主要关心和迫切需要解决的问题。流动人口通过流入地购房实现落户安居是一种更为稳定的城镇化方式，也符合高质量城镇化的发展要求。在此背景下，本节从流动人口的现实需要出发，探究流动人口流入地购房意愿、区域异质性及其影响因素，从购房意愿视角出发，提出改善流动人口住房问题的政策建议，对深入认识人口迁移理论和新型城镇化规律，推动"以人为核心"

―――――――――――――

　　[1]　国家统计局网站，http：//www. stats. gov. cn/sj/pcsj/rkpc/7rp/zk/html/fu03g. pdf。

的城镇化进程具有重要现实意义。

一、相关研究基础

　　学术界从不同角度研究流动人口的购房意愿及其影响因素，已有研究揭示了性别、年龄、婚姻、户口性质、职业、收入等因素的影响作用。而流动人口个人及家庭的金融知识水平、关于农民住房消费金融支持等问题也越来越受到社会各界关注。张启春（2017）认为，随着农民工市民化道路逐渐成为必然要求，农民工住房消费也因此成为迫切需求。李伟军（2019）研究认为，对于无房新市民家庭，金融知识能够缓解这种迫切需求，并且也能进一步提升其购房意愿。汪润泉（2017）指出：家庭特征、社会资本、环境等也是重要的影响因素，就业情况、平均月收入等经济因素对流动人口的购房意愿具有显著影响。

　　城市规模因素也会影响流动人口的购房意愿。宋艳姣（2016）研究表明：城市外来流动人口的购房意愿在不同规模的城市呈现异质性，不同城市间经济文化差异会影响流动人口的融入程度，从而影响其流入地购房意愿。高帅（2019）指出：城市融合包括文化融入、心理认同、经济融入、制度融入等，能够增强流动人口的城市购房意愿。此外，社会保障因素也能增强人口的购房意愿。有学者建议充分发挥住房公积金对流动人口的住房保障功能（李伟军，2019）。李君甫（2018）研究发现：农民工社会保障参与度越高，对提高其城镇购房意愿越显著；同时，农民工社会保障参与度在经济地位预期与城镇购房关系中存在调节效应。林李月（2021）研究表明：住房公积金和城镇居民养老保险对新生代农民工定居城市有显著影响，未来住房公积金政策能保障新生代农民工有安定的住所，在推动流动人口最终定居三四线城市方面具有很大的政策施展空间。

　　上述研究为深入探究流动人口在流入地购房意愿的影响因素中提供了重要参考。但多数研究仅把个人、家庭或城市的某一特征纳入 Logit 回归模型分析其影响，研究购房意愿时较少针对城市规模进行研究。而将城市规模特征、就业特征和社会保障等同时纳入模型进行分析，对于流动人口流入地购房意愿在不同群体和区域的异质性进行分析的文献则更少。本节基于全国流动人口动态监测调查数据，利用二元 Logit 回归模型进行流动人口流入地购房意愿及其影响因素研究，主要探讨城市特征、社会保障特征、就业特征等影响因素以及不同人群、不同地区流动人口对购房意愿的异质性影响。

二、流动人口流入地购房意愿及其影响因素理论分析

流动人口在流入地城市的购房意愿，是指流入人口对房产产生购买行为之前的主观意愿，是流入人口进行购买决策时的心理活动，且这种活动具有倾向性和概率性。对应的问卷内容为"您是否打算在本地购买住房"。影响因素主要包括个人特征、家庭特征、城市特征、就业特征和社会保障特征等。

一是个人特征。个人特征主要包括个人性别、年龄、婚姻状况、受教育程度和户口性质等。受传统观念的影响，男性的购房压力一般更大。年龄对于购房意愿的影响要分阶段分析。青年时期人们更倾向于先在社会中拼搏，随着年龄的增加，人们对于稳定的追求会越来越高，同时面临结婚、养育孩子等问题，逐渐对购房有一定的压力和倾向，并且在工作中不断有积蓄积累，从而更有能力去购房。学历在一定程度上影响欲购房者的思考方式、工作能力和收入等。高学历高素质的人才往往是公司和政府重点引进的对象，学历越高、能力越强的人所从事职业的可替代性越低，相对来说其收入更可观。因此，可能更倾向于购房。同样，对于已婚群体，基于婚后孩子的养育、教育问题考虑，已婚居民更倾向于购房。随着户籍制度的改革，人口落户政策不断开放，新城镇居民在该地享受到的公共资源越来越公平，同时城市就业机会比农村多，城镇户籍的居民获取的信息量也更多，能够更快速获得就业机会，因此可能更倾向于购房。

二是家庭特征。在我国传统文化中，房屋代表"家"的概念。因此，流入人口在进行购房决策时往往会参考家人意见，体现整个家庭意愿。同时，由于我国近年来房价上涨速度较快，已经与人均可支配收入拉开一定差距，购房往往需要一个家庭来共同承担，高收入家庭相较于低收入家庭选择购房可能性更大。家庭人数越多，则该家庭对稳定生活的需求越明显，老人需要更清净的居住环境，孩子需要更便捷的基础设施和教育设施，为了稳定的家庭环境，此类家庭会更倾向于购房。

三是城市特征。根据人口迁移理论和流动人口聚集趋势，流动人口的流动区域和流动跨度对该部分群体在流入地购房意愿会产生不同程度的影响，流动区域通过流动人口流入地的不同区位划分。按照地理位置将我国全部城市划分为东部地区、中部地区、西部地区及东北地区。由于不同地区生活习惯、文化

传统、经济发展等因素不同，流动人口流入地购房意愿自然也会有差异。经典人口迁移理论认为，迁移主体对家庭规模结构的变化及对居住环境的不满，是引起迁移发生的一个重要原因，相比省内流动，跨省流动距离更远，地域间文化差异增大造成流动人口的心理压力增大，回乡购房意愿上升，从而导致其在流入地购房意愿下降。

四是就业特征。就业类型包括自己创业、个体工商户、公司上班、劳务派遣、自由职业、做临时工等，主要可以归类为雇佣者、个体经营和受雇者。一般来说，受雇佣者的工资水平相对要比雇佣者和个体户低，因此受雇佣者可能会更倾向于租房，而雇主、自营劳动者，包括拥有更稳定工资收入的全职工作居民等更倾向于购房。

五是社会保障特征。社会保障是影响流动人口流入地购房意愿的重要因素之一。社会保障制度是否完善直接关系着流动人口的预防性储蓄水平高低。当前，流动人口在城市中的社会保障仍未享有完全同等的"市民化"待遇，保障水平依然偏低。这就意味着收入水平既定条件下流动人口消费能力的减弱，购房意愿自然下降。反之，流动人口享受的社会保障水平越高，购房意愿自然越强。

鉴于此，本节提出以下研究假说：个人特征、家庭特征、城市特征、社会保障特征和就业特征对流动人口流入地的购房意愿产生直接影响，且存在群体异质性和区域异质性。

三、流动人口流入地购房意愿影响因素的模型构建

（一）模型设定

基于被解释变量购房意愿是二分变量，本节建立二值 Logit 模型如下：

$$option = \alpha_1 X_1 + \alpha_2 X_2 + \alpha_3 X_3 + \alpha_4 Z + \varepsilon \qquad (6-1)$$

其中，option 为购房意愿的选择；X_1 为城市特征，将城市分成一线、二线、三线以及其他城市；X_2 为社会保障特征，包括失业保险、生育保险、住房公积金；X_3 为就业特征，包括流动人口所从事行业、就业身份等；Z 是控制变量，用以控制可能会影响或干扰到流动人口购房意愿的其他变量，包括人口的基本特征以及一般家庭情况等。

（二）数据来源

本节所采用数据是 2016 年国家卫健委发布的中国流动人口动态监测调查数据。该数据是目前全国最大的以流动人口为对象的抽样调查，自 2009 年开始实施，范围覆盖全国 31 个省级行政区，调查数据较为详细，包含了住房状况和购房意愿相关问题，利用此数据进行实证分析能够揭示有关流动人口流入地购房意愿的一些规律。参考经典文献的变量取值范围，将明显填写有误或者极端异常值进行删除，最终得到有效样本 92248 个。其中，城镇户籍样本 17434 个，农村户籍样本 74814 个。

（三）描述统计

本节选取的因变量是流动人口在流入地城市的购房意愿，根据调查数据，目前在流入地有定居意愿的流动人口高达 86.4%，但有购房打算的流动人口约占总样本的 30.6%。解释变量主要为城市因素、社会保障因素和就业因素，其他控制变量包括性别、年龄、户口性质、受教育程度、婚姻状况、流动年份、流动的范围、同住家庭成员人数、平均每月家庭收入、平均每月住房支出以及就业身份等。将其中部分变量值进行处理：流动年份以 2016 年减去进城年份；将所研究的定居意愿和购房打算这两个二分变量进行赋值，肯定赋值为 1，否定赋值为 0。根据样本数据，以上各变量的描述性统计结果如表 6 - 1 所示。

表 6 - 1　　　　　　　变量描述性统计（N = 92248）

变量类型	变量名称	变量定义	均值	标准差	最小值	最大值
因变量	定居意愿	1 = 是　0 = 否	0.86	0.34	0	1
	购房意愿	1 = 是　0 = 否	0.31	0.46	0	1
个人特征	性别	1 = 男　0 = 女	0.57	0.49	0	1
	年龄	连续变量	35.80	9.30	15	69
	户口性质	1 = 农村户口　0 = 城镇户口	0.81	0.39	0	1
	受教育程度	1 = 大专及以上　0 = 大专以下	0.19	0.39	0	1

变量类型	变量名称	变量定义	均值	标准差	最小值	最大值
个人特征	婚姻状况	1 = 已婚　0 = 未婚	0.84	0.37	0	1
	本次流动年份	连续变量	6.17	5.66	0	58
	本次流动范围	1 = 跨省　0 = 省内	0.48	0.50	0	1
家庭特征	同住家庭成员人数	连续变量	3.14	1.10	1	10
	家庭每月收入	连续变量	7359	6067	700	100000
	每月住房支出	连续变量	883	1259	0	20000
城市特征	城市规模	一线城市为1，二线城市为2，三线城市为3，其他城市为4	2.89	1.24	1	4
社会保障特征	失业保险	1 = 是　0 = 否	0.25	0.43	0	1
	生育保险	1 = 是　0 = 否	0.23	0.42	0	1
	住房公积金	1 = 是　0 = 否	0.14	0.35	0	1
就业特征	从事行业	第一产业为1，第二产业为2，第三产业为3	2.40	0.55	1	3
	就业身份	雇员为1，雇主为2，自营劳动者为3	1.76	0.92	1	3

四、流动人口流入地购房意愿及其影响因素的实证分析

（一）全样本 Logit 模型的实证分析

本节分别建立模型分析城市特征、社会保障特征、就业特征和全因素特征对流动人口购房意愿的影响，记作模型1~4，结果如表6-2所示。

表6-2

购房意愿的二元 Logit 回归分析结果

变量名称		模型 1		模型 2		模型 3		模型 4	
		系数	z 值	系数	z 值	系数	z 值	系数	z 值
城市规模（以其他城市为参照组）	一线城市	-0.452***	-13.57					-0.448***	-13.02
	二线城市	0.060***	2.92					0.076***	3.58
	三线城市	0.050**	1.97					0.071***	2.79
失业保险				0.093	1.54			0.135**	2.20
生育保险				0.096*	1.89			0.037	0.71
住房公积金				0.095***	2.85			0.144***	4.24
从事行业（以第二产业为参照组）	第一产业					0.201***	2.66	0.223***	2.93
	第三产业					0.160***	9.30	0.177***	10.20
就业身份（以雇员为参照组）	雇主					0.281***	9.71	0.307***	10.06
	自营劳动者					0.121***	6.20	0.146***	6.81
性别		0.077***	4.49	0.085***	4.96	0.088***	5.14	0.081***	4.70
年龄		-0.016***	-14.59	-0.016***	-13.84	-0.017***	-15.17	-0.017***	-14.66
户籍		-0.160***	-6.79	-0.109***	-4.55	-0.136***	-5.79	-0.126***	-5.26
受教育程度		0.373***	15.55	0.323***	12.55	0.369***	15.04	0.328***	12.63
婚姻状况		0.139***	4.74	0.143***	4.87	0.148***	5.05	0.139***	4.73
本次流动年份		0.011***	6.40	0.008***	4.41	0.008***	4.55	0.010***	5.89
本次流动范围		-0.416***	-23.03	-0.519***	-29.99	-0.505***	-29.25	-0.421***	-23.12

续表

变量名称	模型 1		模型 2		模型 3		模型 4	
	系数	z 值	系数	z 值	系数	z 值	系数	z 值
同住家庭成员数	-0.036***	-3.67	-0.026***	-2.74	-0.031***	-3.23	-0.032***	-3.26
家庭月收入（对数）	0.170***	9.02	0.133***	7.14	0.118***	6.34	0.151***	7.85
月住房支出（对数）	0.166***	15.28	0.150***	13.84	0.134***	12.21	0.136***	12.19

注：***、**、* 分别表示在 1%、5%、10% 的显著性水平下显著。

模型 1 表明：城市特征对流动人口的购房意愿有显著影响，相较于其他的小城市，流入地是一线城市会减弱流动人口在该城市购房的意愿，通过发生比率 exp（ - 0.452）计算发现，一线城市流动人口定居意愿仅为其他小城市的 0.64 倍。而二、三线城市对流动人口的购房意愿有显著正向影响，其中，二线城市的购房意愿最强，是其他小城市的 1.06 倍（exp(0.060)）。由于一线城市房价高、消费高，很多流动人口在经济上无法实现购房，从而降低了在一线城市购房的意愿；而处于二、三线城市的流动人口更愿意在该流入地购房。

模型 2 表明：在社会保障因素中，失业保险对流动人口的购房意愿并无显著影响，生育保险对流动人口的购房意愿有积极影响，但这一因素也不是非常显著。而住房公积金与全因素分析模型中一致，都对流动人口在该城市购房有显著影响，有住房公积金流动人口的定居意愿是没有住房公积金的 1.1 倍（exp(0.095)）。这说明住房公积金能够大大减轻流动人口在流入地的购房压力。

模型 3 表明：在流入城市从事第一产业和第三产业的流动人口相较于从事第二产业的人，在该城市购房的意愿更为强烈。从事第一和第三产业流动人口的定居意愿是第二产业的 1.22 倍（exp(0.201)）和 1.17 倍（exp(0.160)）。从就业身份上看，雇主和自营劳动者收入相对更高，规划更长远，所以雇主和自营劳动者都比雇员在购房意愿上更强烈，其中，雇主的购房意愿是雇员的 1.32 倍（exp(0.281)）。

模型 4 表明：从全因素分析来看，城市特征与模型 1 分析相一致，相较其他城市，一线城市的流动人口购房意愿更弱；住房公积金对流动人口的定居意愿的积极作用也很显著。就业特征和控制变量的影响趋于一致，男性、受教育程度高、流动年份长、省内跨市流动、家庭月收入多、平均月住房支出多、已婚的流动人口在流入地购房意愿更强。

（二）分样本 Logit 模型的实证分析

如表 6 - 3 所示，将全体样本分成 4 个区域，即东、中、西部和东北部，分别进行 Logit 回归。在社会保障因素方面，选取住房公积金这一主要因素，结果表明：东部地区流动人口中拥有住房公积金能显著增强他们在所在城市的购房意愿。而中、西部或东北部地区却没有明显促进作用。其可能的原因在于，尽管东部地区房价普遍较高，但住房公积金对于居民住房提取和购房贷款的支持力度较大，解决住房问题时，住房公积金可以充分发挥互助作用，促进购房作用明显；而在其他地区，住房公积金的缴存基数和贷款额度没有东部地区高，当地区房价不高时，居民住房支付能力较强，流入地购房对于住房公积金的依赖程度自然不高。在东部和中部，男性、雇主或自营劳动者的购房意愿更强。在东部，户籍是农村的流动人口购房意愿相对较弱，而中、西、东北部却没有显著影响。

表 6 - 3　　　　　　　　　　　分样本 Logit 模型实证结果

变量名称		东部	中部	西部	东北部
住房公积金		0. 334 ***	- 0. 207 **	- 0. 241 ***	- 0. 330 **
从事行业（以第二产业为参照组）	第一产业	- 0. 084	- 0. 382	0. 348 ***	- 0. 535 **
	第三产业	0. 130 ***	0. 104 **	0. 099 ***	0. 079
就业身份（以雇员为参照组）	雇主	0. 503 ***	0. 223 ***	- 0. 075	0. 501 ***
	自营劳动者	0. 205 ***	0. 117 **	- 0. 070 *	0. 056
性别		0. 128 ***	0. 099 **	0. 064 *	0. 026
年龄		- 0. 026 ***	- 0. 028 ***	- 0. 018 ***	- 0. 023 ***
户籍		- 0. 186 ***	0. 016	0. 16	- 0. 123
受教育程度		0. 293 ***	0. 187 ***	0. 253 ***	- 0. 017
婚姻状况		- 0. 093	- 0. 147	- 0. 030	- 0. 100
本次流动年份		0. 006 **	0. 006	0. 019 ***	- 0. 016 **
本次流动范围		- 0. 579 ***	- 0. 407 ***	- 0. 324 ***	- 0. 193 ***
同住家庭成员人数		- 0. 061 ***	- 0. 019	0. 005	- 0. 057
家庭月收入（取对数）		0. 181 ***	0. 122 **	0. 119 ***	0. 151
月住房支出（取对数）		0. 201 ***	0. 012	0. 071 ***	- 0. 148 ***
N		38900	16805	29579	6964

注：*** 、** 、* 分别表示在 1% 、5% 、10% 的显著性水平下显著。

本节利用全国流动人口动态监测调查数据，建立二元 Logit 模型，以流动人口的流入地购房意愿为研究对象，从城市特征、社会保障特征、就业特征等三个维度实证分析流动人口流入地购房意愿的影响。主要结论有：（1）不同城市规模中的流动人口购房意愿有显著差异，与其他城市相比，一线城市的流动人口购房意愿相对更弱，而流入地为二、三线城市的流动人口购房意愿更强；（2）住房公积金对流动人口的购房意愿有显著影响，其中，住房公积金对东部城市流动人口的流入地购房意愿影响更为明显；（3）雇主、自营劳动者或从事第三产业的流动人口在流入地城市购房意愿更强，受教育程度高、已婚、流入城市时间长、家庭月收入高、月住房支出多的流动人口在该地购房意愿更强。

根据上述的研究结论，本节提出以下建议：

一是因城施策，加快完善公平的公共服务，采取差异化措施满足流动人口需求。与二、三线城市相比，一线城市流动人口的购房意愿偏弱，解决住房问题时，鼓励多主体供给、多渠道保障，尤其是通过加快保障性租赁住房建设，租购并举提高流动人口的定居意愿；而二、三线城市则要立足新发展理念、构建新发展格局，通过高质量发展增强城市自身吸引力，提高流动人口的居留意愿。

二是多渠道保障，充分发挥住房公积金在实现住有所居目标中的重要作用。改革和完善住房公积金制度，要为包括流动人口在内的广大居民住有所居提供制度保障与现实支持。东部城市要提高住房公积金在不同地区、不同企业、不同群体的普及性，扩大覆盖面、增强灵活性。其他地区城市要对流动人口加大住房公积金政策的宣传，扩大缴存率和利用率。

三是因群体而异，提高流动人口人力资本质量，助力流动人口创业就业。切实提高流动人口创新创业能力，增强留城能力。改善流动人口的学历结构，制定配套政策和积极手段，吸引高层次人才和技能型人才。通过培训等方式，提高流动人口创业创新能力。加强城市基础设施建设，建立公平公正的社会福利机制，增强流动人口在流入地城市的幸福感、归属感和获得感。

第三节　流动人口城市定居意愿及其影响因素

新市民城市定居问题既是一个经济问题，又是一个社会问题，流动人口流入地城市定居意愿是购房意愿的前提，前者为后者提供了心理上的支持，后者是前者的衍生行为，两者间具有密切关联性。定居意愿又被称为留城意愿或城市长期定居意愿，有研究者将定居意愿定义为是否愿意在流入城市落户，有研究者将定居意愿定义为是否有在流入城市购置房屋的意向，也有研究者将定居意愿定义为是否将会在流入城市长期居住。因为本节研究影响城市流动人口定居意愿的因素，所以本节的调查对象为是否愿意在流入地城市定居。

一、描述统计分析

本节从全国流动人口动态监测数据中筛选出了 102991 条有效数据，将问卷中定居意愿作为被解释变量，三方面共 10 个影响流动人口流入地城市定居的自变量。如图 6 - 5 所示，我国流动人口愿意定居的占比在 2014~2017 年呈现逐步上升趋势，尤其在 2016~2017 年阶段，由之前的 60% 以下，一跃升至 80% 以上。这说明我国流动人口在近年来，随着城镇化建设的发展，越来越倾向于在当地定居。

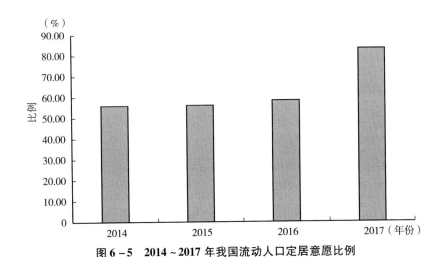

图 6 - 5　2014~2017 年我国流动人口定居意愿比例

资料来源：国家卫生健康委流动人口数据平台，https://www.chinaldrk.org.cn/。

1. 个性特征与定居意愿状况分析

如表 6 - 4 所示，从户口性质来看，城市流动人口中农业户口数量远大于非农业户口，占比为 79.86%，非农业户口仅为 20.14%，且具有农业户口性质的流动人口更愿意在城市中定居；从婚姻情况来看，在城市中流动的已婚人口数量比重达 81.99%，且定居意愿也是各种情况中最强烈的，调查显示他们在城市中有更明确的奋斗目标，或是为了夫妻更好地生活，或是为了孩子能够在当地接受更好的教育；从受教育程度方面来看，小学、初中和未上过学的流动人口占 62.46%，数量达流动人口总数的一半以上，说明我国应加强对流动人口的教育培训。而学历为研究生的流动人口数量仅为 0.3%，说明高级知识分子工作环境相对稳定。根据调查数据，在学历方面，定居意愿最高的并非研究生学历，而是高中到大学本科的学历，定居意愿达 85.39%。

表 6-4 个性特征与定居意愿分布

变量	取值	样本占比（%）	样本数量（人）	愿意定居占比（%）
性别	女	47.56	48981	82.16
	男	52.44	54010	81.90
户口性质	农业	79.86	82253	81.08
	非农业	20.14	20738	85.77
婚姻状况	同居/未婚	15.90	16372	75.70
	初婚/再婚	81.99	84445	83.37
	离婚	2.11	2174	77.00
受教育程度	小学、初中/未上过学	62.46	64331	80.00
	高中、大学专科和本科	37.24	38349	85.39
	研究生	0.30	311	83.92

2. 就业及经济因素特征与定居意愿状况分析

如表 6-5 所示，城市流动人口中以雇员身份在城市进行工作的比重为 68.05%，是以雇主身份在城市流动的比重 31.95% 的两倍之多，说明在城市流动人口中进行自主创新创业的人员还是少数。且城市流动人口中以雇员身份在城市中工作的人们定居意愿更高；在家庭平均月收入方面，随着家庭平均月收入的提高，人们在城市中的生活能更好地得到保障，定居意愿也呈递增趋势。其中，城市流动人口家庭平均月收入低于 3000 元的比重仅为 1.7%，而家庭平均月收入 9000 元以上流动人口占比达 14.68%，说明在流动过程中，流动人口的工作收入相当可观，为他们在流入地定居提供了强有力的物质保障。同家庭平均月收入一样，收入越高，支出越高，相应的流动人口定居意愿也越高，符合经济学中的收入消费理论。

表 6 – 5　　　　　　　就业及经济因素特征与定居意愿分布

变量	取值	样本占比 （%）	样本数量 （人）	愿意定居占比 （%）
就业身份	雇员	68.05	70086	82.04
	雇主	31.95	32905	81.99
家庭月收入	低于 3000 元	1.70	1717	70.53
	3001 ~ 5000 元	21.10	21736	75.98
	5001 ~ 7000 元	36.92	38026	81.53
	7001 ~ 9000 元	25.60	26370	85.24
	9000 元以上	14.68	15142	87.62
	低于 1500 元	8.90	9149	73.49
	1501 ~ 3000 元	35.25	36301	78.71
	3001 ~ 4500 元	38.77	39925	84.22
	4501 ~ 6000 元	11.98	12343	87.77
	6000 元以上	5.10	5273	89.46

3. 社会保障特征与定居意愿状况分析

在城镇居民医疗保险方面，根据调查报告的数据（见表 6 – 6），在城市流动人口中未参保的比重高达 93.45%，参保的仅为 6.55%。在流动人口中参加城镇居民医疗保险人群的定居意愿明显更高；城镇职工医疗保险参保人数相对于城镇居民保险参保人数有相应的提升，在城市流动人口中的参保比例为 20.65%；流动人口在流入城市中建立居民健康档案的比重占 27.8%，且这部分流动人口更愿意在当地定居。

表6-6   社会保障特征与定居意愿分布

变量	取值	样本占比 （%）	样本数量 （人）	愿意定居占比 （%）
城镇居民医疗保险	没参加	93.45	96248	81.84
	参加	6.55	6743	84.67
城镇职工医疗保险	没参加	79.35	81727	80.37
	参加	20.65	21264	88.34
建立居民健康档案	没建立	72.20	74360	80.51
	建立	27.80	28631	85.95

二、实证分析结果

基于 Logistic 回归模型，我们对上文所述三方面特征依次进行分析，构建了只包含个性特征变量的模型1；在模型1的基础上加入就业及自身特征变量的模型2；在模型2的基础上加入社会保障变量的模型3。回归结果如表6-7所示。

表6-7   回归分析结果

变量		模型1	模型2	模型3
个性特征	性别	0.0022 （0.13）	0.0080 （0.49）	0.0004 （0.02）
	户籍	0.2077*** （9.18）	0.1837*** （8.08）	0.0754*** （3.15）
	婚姻状况	0.4535*** （22.65）	0.2905*** （14.14）	0.2743*** （13.34）
	受教育程度	0.4016*** （21.92）	0.3263*** （17.52）	0.2340*** （12.62）

续表

变量		模型1	模型2	模型3
就业及经济因素	就业身份		0.0671 *** (3.7)	0.0110 (0.59)
	家庭月总收入		0.1332 *** (12.58)	0.1235 *** (11.6)
	家庭月总支出		0.1847 *** (16.08)	0.1795 *** (15.58)
社会因素	城镇居民医疗保险			0.1554 *** (4.19)
	城镇职工医疗保险			0.4860 *** (19.14)
	建立居民健康档案			0.3245 *** (16.48)

注：***、**、*分别表示在1%、5%、10%的显著性水平下显著。

模型1显示的是自身变量对人口定居意愿的影响，由回归结果可以清晰地看出，户籍因素、婚姻状况因素和受教育程度因素对流动人口定居意愿是有显著影响的，并且都是在1%的显著水平上显著。而回归结果显示，性别因素对定居意愿的影响并不显著，说明在一定条件下，性别并不是影响流动人口城市定居意愿的重要因素，根据2017年的流动人口监测数据显示，男性流动人口在城市中定居意愿的比重比女性多4.88%。从婚姻状况来看，已婚人口定居意愿高于未婚人口；从受教育程度来看，受教育程度的高低在一定程度上决定了拥有的人力资本的高低，随着学历的提升，定居意愿也在变强。

模型2加入了就业及经济因素之后，户籍因素、婚姻状况因素、受教育程度因素对人口定居意愿仍有显著影响，且在1%的显著水平上显著。回归结果显示就业及经济因素中的就业身份因素、家庭月收入因素、家庭月支出因素对定居意愿具有显著影响，且均在1%的显著水平上显著，是影响流动人口在城市中定居的重要因素。在模型2中，性别因素仍不显著。从家庭月收入/支出和就业身份来看，三者具有一定的内在联系，以雇主身份在城市中流动的人口，其月收入一般较多，在城市中的可支配支出也较多，他们在城市中的定居意愿较雇员更加强烈。

模型 3 加入社会保障影响因素后，除性别因素在三个回归模型中一直不显著外，模型 2 中的就业身份因素在模型 3 中也不显著，从侧面说明城市流动人口在流入城市获得充足的基础公共服务供给后，就业身份对流动人口的城市定居意愿的影响并不明显。同时，城镇居民医疗保险、城镇职工医疗保险、建立居民健康档案等社会保障因素对流动人口定居意愿有显著影响，并且都在 1% 的显著水平上显著。因此，有效保障流动人口的医疗健康状况、提高养老的保障和降低购房的门槛能够有利于提高流动人口的定居意愿。

三、结论与建议

（一）主要结论

第一，城市流动人口的个体特征对定居意愿有影响。从上文调查报告以及实证分析结果来看，一个人的个性特征对他是否愿意在流入地城市定居起着很重要的作用。无论是从年龄与性别角度来看，还是从学历与婚姻情况角度来看，一位单身、年轻且学历较高的女性，一般都会比一位已婚且学历较低的男性定居意愿更高。这里我们指的只是一般情况，人是具有主观能动性的，每个人都有自己的个性特征，我们也不排除一位单身、年轻且学历较高的女性具有强烈的家乡情结，出于对父母的照顾，考虑到亲戚朋友都在户口所在地城市，在家乡工作更舒心，不会面对较大的工作压力，从而选择回家乡定居。但总的来说，个性特征对流动人口的定居意愿有很大影响。

第二，城市流动人口的教育程度普遍偏低。根据 2017 年流动人口动态监测数据报告以及上文整理的数据统计，我们可以清晰地看出，在流动人口当中，学历在初中及初中以下的占 62.46%，而拥有研究生学历的仅有 0.3%，可以近乎忽略不计，教育程度出现一边倒的情况。当然，这与流动人口中大多属于农民工有着密切关系，数据整理报告显示，在流动人口中有着 79.86% 的人口属于农业户口，他们中的绝大部分是以农民工的身份前往流入地城市，从事建筑类行业，是推动城镇现代化建设的基础力量。教育程度的普遍偏低，也大大缩小了他们的择业范围，使他们无法满足高端技术型人才的需要，不能为流入地城市提供充足的人力资源，这也是我国各地缺少高端型人才的原因，他们大多数只能从事体力劳务工作，但仍是我国社会主义现代化建设的根本性力量。

第三，城市的基本公共服务供给不完善。由于我国的户籍制度限制，流动人口在流入城市很难享有与当地居民同等的公共服务，无论是子女教育、社会保险、住房公积金还是城镇居民医疗保险等，都无法达到流动人口期望的水平，一方面是政府的地方政策还不够完善，另一方面是因为流动人口数量过大，很多地方的流动人口甚至超过了当地的常住人口，这使得当地公共资源储备受到极大挑战。单是从教育资源来说，流动人口在流入城市长期居住，慢慢适应当地的生活节奏，他们是否在当地定居往往考虑多方面的因素，其中最重要的一项就是子女的教育问题，城市的教育资源往往比乡村要充足得多，无论是教师资源还是教学硬件资源，他们更偏向让子女在当地读书上学，但是因为户籍制度，很多城市流动人口子女无法与当地居民子女享受同等的教育资源，无法在当地完成九年制义务教育，同时也包括高中的教育阶段，这迫使他们很难在流入地定居。另外，上文报告也显示流动人口在当地购买城镇医疗保险或城镇职工医疗保险的人数占比极少，购买城镇居民医疗保险仅为 6.55%，购买城镇职工医疗保险的只有 20.65%。不难看出，当前我国城市基础公共服务供给还存在严重短缺。

（二）建议

第一，加强对流动人口的教育与培训。从流动人口受教育程度来看，教育对人口定居意愿影响较大，其中，受教育程度越高的人，定居越强。对此给出以下建议：一是加强对外来人口的教育，使流动人口的知识水平提升，以此提升其对该城市文化的认同感和归属感。二是取消外地学生不能在本地就读、高考的政策。子女上学问题是流动人口关注最多的问题，限制外来人口子女上学这一政策，不仅会降低外来人口对该城市的认同感，还会降低其定居意愿。让外地学生在本地就读并允许在本地参加高考，对吸引外来人口定居具有重要意义。

第二，提升流动人口收入水平。人口城市间的流动是为了更好的工作机会及生活质量，收入的多少是流动人口进行空间迁移的首要标准。经济结构完整，第三产业比重较高的一、二线城市可以为劳动者提供高稳定、高质量、高收入的就业机会，同时满足当地经济发展的劳动力需求。但目前社会仍然存在工资待遇不公平，同劳不同酬，影响流动人口工作、学习、居住的稳定性，地方政府应严格监管，贯彻以按劳分配为主体，多种分配方式相结合的社会主义市场经济分配制度。让流动人口同当地居民享有同等公平待遇，更好、更快、更稳定地融入城市。

第三，加强社会保障。社会保障中医疗保险、住房公积金对人口定居意愿具有显著影响，但是对养老保险的影响并不显著。对此给出以下建议：一是加大养老保险宣传力度，全面准确解读城乡居民养老保险政策，包括参保登记、缴费档次、待遇领取及政府补助等政策，普及基本政策知识，特别是针对档次标准提高进行深入讲解，认真解答城乡群众普遍关心的热点、难点问题，引导城乡居民积极参保，从而提升外来人口定居意愿。二是加大住房公积金的补贴，吸引更多外来人口，将租房列入住房公积金的适用范围，为外来人口在该城市定居提供物质保障，以此提升定居意愿。各地政府强力推进的同时也要切实做好风险防控，保障人民的权益不受侵犯。三是继续开展医疗健康教育知识，加强人们对医疗保险的认识与了解。一方面，结合实际设计宣传品，在宣传内容上着力回答人民群众最关心、最直接、最现实的利益问题；在宣传对象上突出城镇居民、新就业人员、大学毕业生、农民工等特殊群体；在宣传方式上，和群众的接受习惯保持一致，真正使人民群众看得懂、听得进、记得住、用得好。另一方面，降低医疗保险基金结余率，既有利于节约成本，又能为外来人口提供医疗保障。

在我国城市流动人口有增无减的背景下，深入研究影响流动人口定居意愿的因素，是有效解决流动人口在流动过程中遇到问题的前提，是推进流动人口在流入城市居民化的基础，是加速我国新型城镇化建设的途径。通过阅读大量参考文献，在前人研究的基础上，本节从个性化特征、就业性质以及社会保障三个方面进行重点分析。以 2017 年流动人口动态监测数据中的有效样本为基础，通过对样本数据的整理分类以及描述性分析，可以清楚了解到我国流动人口的发展现状。在实证分析方面，本节从三方面选取了 10 个解释变量，运用 Logistic 统计方法分别建立回归模型，检验解释变量在不同模型中的显著性。实证结果显示，解释变量中除性别变量外，其他变量对城市流动人口定居意愿都有显著影响，其中，社会保障因素对流动人口定居影响最大，在模型 3 中加入社会保障因素后，就业身份显著水平会有所下降。最后本节根据前人研究结论，结合本节数据分析以及实证结果，给出相应的结论与建议。

第四节　本章小结

流动人口是我国新市民群体的重要来源，是推进新型城镇化的重要力量，其流入地购房意愿和定居意愿直接关系到流动人口市民化的路径选择与城镇化的高质量发展。本章基于全国流动人口动态监测调查数据，构建二元 Logit 回归模型，研究流动人口流入地购房意愿及其影响因素。研究发现：不同城市规模的流动人口流入地购房意愿有显著差异，一线城市的流动人口购房意愿更弱，而二、三线城市流动人口购房意愿更强；住房公积金显著影响流动人口的流入地购房意愿，并且东部地区住房公积金促进购房意愿的作用最为明显；就业身份为雇主和自营劳动者的流动人口的流入地购房意愿更强。此外，受教育程度高、已婚、流动时间长、家庭月收入高、月住房支出多的流动人口在流入地购房意愿更强。因此，要充分重视城市规模、社会保障等因素对于流动人口流入地购房意愿的异质性影响，因城施策、因群体而异，差别化解决流动人口住房问题。真正的市民化必然要考察新市民的定居情况及其影响因素。因此，本章进一步从个性特征、就业及经济因素、社会因素三方面构建以定居意愿作为因变量的回归模型，考察流动人口城市定居意愿及其影响因素。在实证结果的基础上提出：加强制度监督，促进社会公平；加强职业教育培训，提高就业竞争力；健全城市生活保障体系，提高城市吸引力。

第七章

住房公积金与新市民城市定居

　　住房公积金制度是一种互助性的社会保障制度，是我国城镇住房制度改革的创新举措。30 多年来，我国住房公积金制度在支持住房改革、住房商品化和住房保障等方面发挥了重要作用。近年来，住房公积金制度因其"劫富济贫""逆向补贴"等偏离互助本质的现象而被热烈讨论，甚至其存废问题和改革方向问题一度引发社会各界的激烈辩论。截至 2016 年 3 月，全国约有 2.17 亿人参与了该项制度，有近 1 亿缴存职工通过使用住房公积金解决了住房问题[①]。截至 2017 年 11 月底，全国住房公积金缴存总额 12.3 万亿元，提取总额 7.2 万亿元，累计发放住房公积金个人住房贷款 7.48 万亿元[②]。2020 年 5 月 18 日，中共中央、国务院明确要"改革住房公积金制度"。研究如何改革完善住房公积金制度，弄清其对住房消费的具体影响，尤其是其在如何助力实现新市民住有所居目标等方面具有重要意义。

[①] 　2016 年 3 月 15 日，住房和城乡建设部副部长陆克华就"棚户区改造和房地产工作"问题答中外记者问，http://news.cctv.com/2016/03/15/ARTIjGDwaqhhVixw1jjOQjb9160315.html。
[②] 　中华人民共和国住房和城乡建设部官网，https://www.mohurd.gov.cn/。

第一节 住房公积金与住房消费

一、相关概念

（一）住房公积金

住房公积金是指由国家创建的，针对个人和企事业单位，强制性缴存的具有互助性质的住房贷款储备金，专用于住房消费支出的长期性个人住房储备金。当员工以及企事业单位缴纳了公积金之后，一旦有购房需求就能按照低于市场利率的利率额度向银行申请长期贷款，进而能够大幅度降低购房者的还款压力以及生活压力，这也是国家给企事业员工的众多福利之一。其具有以下4点特征：

（1）普适性。城镇就业的职工，不管工作性质如何，也不论是否已经购房，都应该按照规定缴纳相应的住房公积金。

（2）强制性。单位如果不办理住房公积金缴存登记等相关手续，住房公积金管理中心可以要求其在规定时间内整改，如果不能按时达到要求，可以按照有关规定进行处罚。

（3）惠民性。职工与单位共同缴存相同数额的公积金存款，另外，住房公积金贷款的利率比商业贷款利率低。

（4）返还性。职工在退休、离职、完全丧失劳动能力、与用人单位解除劳动关系和购建自住房时，可以提出要求返还住房公积金。

另外，住房公积金还具有如下3点性质：

（1）保障性。为职工解决住房问题提供保障。作为专项资金，自然会发挥出应有的保障功能，为保障性住房注入资金支持，另外还可以为缴纳住房公积金的人群提供低于商业贷款利率的公积金贷款，让更多的低收入人群得到资金保障。

（2）互助性。能够有效建立和形成有房职工对无房职工提供帮助的机制。城镇在职职工需要缴纳住房公积金，由于首付比例的限制，拥有首套房的职工利用住房公积金购买新住房的人群较少，通常用于投资性购房，无房的职工对住房需求较大，这时就可以利用住房公积金进行首套房的购买，在一定程度上解决了无房职工的资金短缺问题。

（3）长期性。每位在职职工从参加工作之日起到退休或者终止劳动关系这段时间内，都必须缴纳个人住房公积金，同时公司也需要相应地缴纳。时间跨度较大，在职期间职工和公司都需要按照相关规定缴纳一定的住房公积金。

（二）住房消费

住房是人类最基本的生存物质，是人类的栖息地，关系到居民的基本需求和整个社会的稳定。住房消费是以家庭为单位进行的，它属于个人和社会的消费行为。它具有衣、食、住、行等个人消费的性质，不属于人人共享的福利消费和公共消费。因此，住房消费应由个人及其家庭共同承担，并在劳动者的收入中支出。

住房消费的影响主要通过住房价格来反映，而住房公积金在对中低收入人群提供福利保障外，又会在一定程度上通过供需两方面影响房屋的价格。从供给方面来说，住房公积金为保障性住房注入建设资金，当保障性住房对商品房的替代作用大于挤兑作用时，就会平抑房价，而当保障性住房对商品房的挤兑作用大于替代作用时就会导致房价的上涨。从需求方面来看，人们对住房消费产生需求，但是房价太高，资金不足，就会进行贷款，公积金利率要比商业贷款利率低，住房需求大，而住房供给不足，住房公积金的出现会增加人们对购买首套房的消费，因此也会导致房价的上涨。通过供需两侧可以看出，住房公积金通过支持住房建设和提供优惠住房消费两方面来发挥住房保障作用。

马斯洛需求层次理论将人的需求分为5个层次：生理需要、安全需要、社会需要、尊重需要与自我实现。人们在满足低层次需求后会追求更高层次的需求。因此，人们在购买首套房时会表现出更大的需求，有了购房需求就会产生住房消费。由于房价的高涨，为了满足人们的住房需求，此时人们需要贷款买房，而住房公积金的贷款利率要低于商业贷款利率，人们就会更多倾向于住房公积金贷款，这时公积金的作用表现更加明显。

因此，本节从住房公积金的住房贡献度情况入手，结合居民可支配收入、房价的变动情况，运用供需理论，来分析住房公积金对住房消费产生的影响，进而研究住房公积金制度运行情况，最后提出促进住房消费的相关建议，为中低收入人群可以更好地获得住房保障提供理论帮助。

二、相关研究基础

国外现有相关研究并不多，但是也有一些先进的住房保障制度可以为我国的住房公积金发展提供参考，国外的住房保障和金融制度可以为促进我国住房公积金的发展和完善提供指导作用。珊迪亚（Sadia Islam，2020）在研究中发现，家庭在获得住房公积金贷款后，其社会地位发生了变化，受益家庭中大部分社会地位向好的方向发展，家庭的新房消费不但改善了社会经济情况，还有助于孟加拉国的发展。阿尔阿比（Moruf Alabi，2018）研究认为，要想改善贷款环境，就要消除尼日利亚人的监管障碍，努力扩大非常规抵押贷款的机会，让低收入家庭也可以拥有住房。奥克萨纳（Iliashenko Oksana，2018）考虑了自然、社区和社会资源的限制，确定了非居民住房公积金的城市建筑数量最佳比例。

住房公积金作为一项住房保障制度，始终受到学者们的广泛关注。住房公积金在一定程度上可以影响房价，进而影响人们的住房消费。因此，住房公积金对住房消费的影响研究被学者所重视。国内学者们从不同的角度来探求住房公积金的影响，其中，赵卫华、冯建斌、张林江（2019）认为住房公积金应该考虑农民工的工作特点，加大保障力度，增加保障范围，惠及更多人，提高农民工的住房消费能力。王云（2019）从居民的"隐性"购房角度来探讨该制度的影响，通过对全国 16 个大中城市 2016 年的住房公积金数据进行分析，探求其对居民购房意愿的影响情况，发现公积金促进了居民的购房意愿，该学者认为该制度对高收入群体的购房意愿影响要高于对低收入人群的影响，对已购房人群的购房意愿影响较未购房人群更加显著，住房公积金在促进住房消费的同时也促进了住房的投资行为。陈庆荣（2020）探讨了住房公积金对房地产经济的调控作用，该学者认为住房公积金为房地产建设提供了有力的资金支持，另外还可以调节住房消费。段黎（2020）认为应该扩大住房公积金的覆盖范围，让更多的人享受到该制度带来的福利，另外，住房公积金的用途也应该更加丰富，让资金流动起来。李伟军、吴义东（2019）在对中国家庭金融调查数据（CHFS）的研究中得出住房公积金、金融知识对新市民首套房购买起到了促进作用，而住房公积金对有房新市民的购房消费无明显影响，但是金融知识会促进有房新市民的购房投资行为。学者们认为应该提升完善住房公积金制度的速度，提升新市民的金融知识水平，来增强新市民的住房消费能力。乔贝、吴义东、王先柱（2019）对2016年中国住房公积金的调查数据进行整理，研究了不同地区的住房公积金保障情况，发现了该制度可以有效促进三线及以下的城市居民购房的意愿和行为，一、二线城市居民可能更多用公积金来购买投资性住房，一、二线城市的住房公积金不能有效减小购房压力，因此，对不同的地区应该采取不同的措施，来平衡住房公积金对不同地区的支持力度，从而让房地产市场更加平稳健康地发展。陈春蕾（2017）通过研究发现，住房公积金对住房消费的影响要比对GDP的影响提前近一年左右的时间。同时，乔丽（2016）、邵立平（2017）也通过研究发现，住房公积金拉动地区经济增长的效应远小于对地区住房消费的影响。倪雅楠（2020）研究发现，住房公积金对住房消费影响是成正比的关系，且对区域经济增长产生间接性的影响。王先柱、王敏、吴义东（2018）认为住房意愿和住房消费能力相匹配才是解决农民工住房问题的关键所在。该学者采用二元 Logit 回归模型进行了实证分析，发现住房公积金在不同城市之间存在着区域性的差异，因此，住房公积金制度应该"因城施策"，这样才能让更多的人住有所居，让人民安居乐业，实现以人为本的新型城镇化。

综上所述，学者们对住房公积金的研究各有不同，角度各异，但总体来说都表明了住房公积金对住房消费产生了一定的影响，另外，住房公积金制度本身还存在一些问题，有待更多的学者发现和解决。鉴于学者们前期的研究中对长三角地区的研究较少，伴随着长三角地区住房公积金一体化的提出，在此背景下研究长三角地区该制度的运行情况很有必要。本节在前人研究的基础上，对长三角地区的公积金运行情况进行研究，通过对长三角地区最近几年住房公积金的缴存额、提取额等相关数据的分析，结合近几年房价的变动情况、居民的人均可支配收入情况等数据，通过实证分析来探讨住房公积金对住房消费的影响，进而对长三角地区住房公积金制度存在的问题提出建议，让其可以在长三角地区长期有效地平稳发展，发挥其使更多中低收入人群住有所居、安居乐业的重要作用。

三、国内外住房保障制度发展现状

（一）美国、德国、新加坡住房政策的模式借鉴

1. 美国住房保障制度的借鉴

美国在解决中低收入人群的住房问题上，制定了很多的政策和实施项目，对我国的住房保障制度建设具有一定的借鉴作用。首先，确定合理的保障范围，对中低收入人群进行合理的划分，制定相应的评判标准，对在其标准下的人群进行保障。其次，住房保障资金来源渠道广泛。政府的财政资金是保障住房的重要资金渠道，州和地方政府各种形式的非营利机构是住房政策和项目实施的中坚力量。除政府的财政资金以外，开发企业和金融资金也是发挥保障作用的重要方面。最后，有针对性的保障措施，即对有特殊需求的人群，应当给予特别的保障措施。

2. 德国住房保障制度的借鉴

目前，德国的住房政策主要有两方面。一是租房补贴，是对低收入群体保障的重要措施，补贴房租可以提升低收入人群的住房消费能力。二是住房储蓄，大多数德国人租房，即使买房，德国人也很少用自己的钱买，而是使用银行贷款。因此，德国的住房储蓄银行起到了非常重要的作用。它是一种融资形式，即储蓄者在一定时期内持续储蓄一笔钱，然后从金融机构获得住房贷款。在此期间政府会给予相应的优惠和奖励。我国可以借鉴其政策，促进和完善廉租房制度，积极实行科学的经济适用房政策和完善住房公积金政策。

3. 新加坡住房保障制度的借鉴

新加坡率先在1955年建立中央公积金制度，运用强制性储蓄的资金运营管理方法，为中低收入群体居民提供社会保障，在运行过程中形成了严格的法律制度和完善的运行机制。这一制度对我国的启示有以下三点：一是将社会保障纳入法治轨道，中央公积金制度成功运行是因为有其完备的法律体系作为保

障，我国各地区法规、政策不尽相同，很难形成统一的法律规范，要想保证社会保障制度的正常运行，必须形成完备统一的法律体系。二是强化政府的调控职能，健全以政府作为主体的保障体系。三是发展住房保障要从国情出发，注重住房保障的渐进性，构建多层次的住房保障体系。

(二) 我国住房公积金发展总体现状

我国住房公积金制度借鉴了新加坡的中央公积金制度，结合了自身实际的情况，建立了具有中国特色的住房公积金制度。从图 7 - 1 可以看出，截至 2019 年，全国住房公积金缴存总额达 23710 亿元，比上年末增长 12.62%。住房公积金缴存额逐年增加，2015～2016 年增长速度最快，达到 13.84%，缴存职工人数增长也最快，达到 5.42%，但是缴存单位数增长较慢，仅有 2.98%。2014～2015 年，缴存单位数增长最快，达到 12.03%。

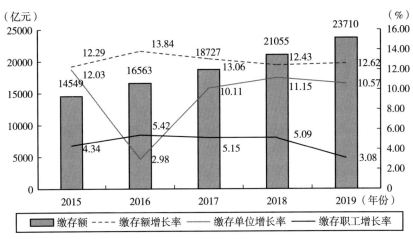

图 7 - 1　全国 2015～2019 年住房公积金缴存情况

资料来源：全国住房公积金年报。

从图 7 - 2 可以看出，2019 年，住房公积金累计提取总额达 104235.23 亿元，提取率为 68.67%。住房公积金的年度提取额在 2015～2019 年间呈现逐年上升的趋势，2015 年提取率最高，达到 75.52%，2015～2016 年，提取率呈现略微下降的趋势，之后趋于平稳。

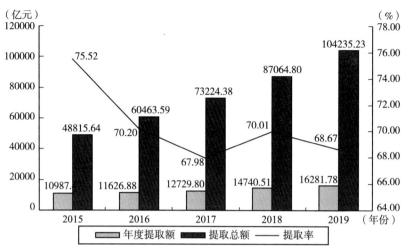

图 7 - 2 全国 2015 ~ 2019 年住房公积金提取情况

资料来源：全国住房公积金年报。

从图 7 - 3 可以看出，2019 年，住房公积金发放额为 55883.11 亿元，个人住房贷款率为 85.48%，住房公积金的个贷发放额总体趋于平稳，2016 年度个贷发放额达到最高的 12701.71 亿元，贷款率也最高，达到 88.84%。之后贷款发放额以及贷款率趋于平稳状态。

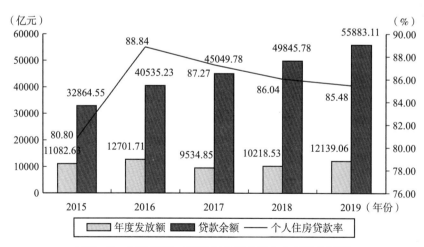

图 7 - 3 全国 2015 ~ 2019 年住房公积金个贷发放情况

资料来源：全国住房公积金年报。

（三）长三角地区住房公积金发展现状

长三角地区包括江苏、浙江、安徽和上海。该地区是中国经济发展最活跃、开放程度高、创新能力强的区域之一。2020 年 8 月 20 日上午，长三角地区住房公积金一体化战略合作会议在上海顺利召开，此次会议旨在推动长三角地区住房公积金的联合发展，让更多的人安居乐业，推动地区经济长期有效发展。当前，三省一市公积金运行良好，能够基本支持职工合理住房消费。该制度实施好坏关乎民生大计，长三角地区的住房公积金制度更应该加以关注。2019 年长三角地区住房公积金缴存情况如图 7 - 4 所示。

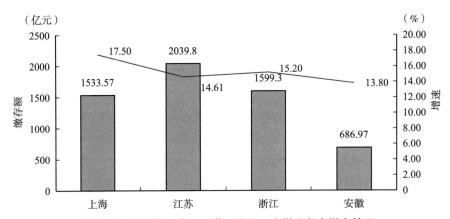

图 7 - 4　2019 年上海、江苏、浙江、安徽公积金缴存情况

资料来源：根据各地区住房公积金年报计算整理。

如图 7 - 4 所示，江苏缴存额最高，达到 2039. 8 亿元；上海缴存额增速最快，达 17. 5% 。从缴存额来看，上海、浙江缴存额都在 1500 亿元左右，安徽缴存额较低，仅有 686. 97 亿元。从增速来看，三省一市缴存额增速均超 10% ，安徽增速较低但也达到了 13. 80% ，江苏、浙江缴存额增速在 15% 左右。

从图 7 - 5 住房公积金的提取情况来看，和缴存额情况相似，同样是江苏最高，达到 1480. 08 亿元；安徽最低，仅有 511. 81 亿元；上海和浙江的公积金提取额都在 1000 亿元左右。从公积金提取的增速来看，上海公积金提取增速最快，达到 14. 97% ；安徽公积金提取增速较低，仅有 4. 22% ；江苏和浙江公积金提取增速均超 10% ，分别是 14. 79% 和 11. 3% 。

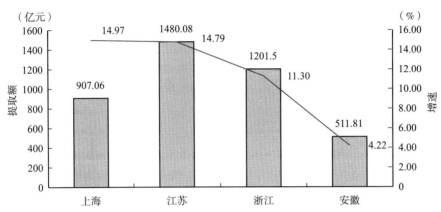

图7-5　2019年上海、江苏、浙江、安徽公积金提取情况

资料来源：根据各地区住房公积金年报计算整理。

从图7-6住房公积金发放个人住房贷款情况来看，江苏发放个人住房公积金个人贷款额依旧最高，达到1226.04亿元；安徽个人贷款额依然较低，仅有363.95亿元；而上海和浙江发放个人住房贷款额均超500亿元，分别为939.18亿元和698.40亿元。从发放个人住房贷款增速来看，江苏省增速最快，达到29.33%；安徽省较低，仅有23.29%；上海和浙江在25%左右，分别为28.71%和24.4%。总体来看，长三角各省市住房公积金发放个人住房贷款增速均超过20%。

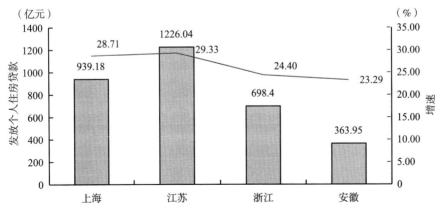

图7-6　2019年上海、江苏、浙江、安徽公积金贷款情况

资料来源：根据各地区住房公积金年报计算整理。

以上是住房公积金在长三角地区发展的基本现状，下面将从这些角度来实证探求长三角地区住房公积金对住房消费的实际影响情况。

四、长三角地区住房公积金对住房消费影响的实证分析

（一）模型构建

本节通过构建住房消费贡献度模型以及住房支付能力指数模型，来探究住房公积金对住房消费的影响。具体模型构建如下：

第一，住房消费贡献度模型，4 个指标的具体解释和计算方法如表 7 - 1 所示。

表 7 - 1　　　　住房公积金的住房消费模型指标的解释及计算方法

贡献度指标	指标解释	计算公式
贷款贡献度	住房公积金贷款金额占总购房款的百分比	（公积金贷款金额/家庭购房款总额）×100%
还款贡献度	参加住房公积金制度的居民家庭月缴存额占住房公积金贷款和商业贷款月还款总额的百分比	（公积金月缴存额/住房公积金贷款和商业贷款月还款总额）×100%
家庭月收入还贷率	在住房公积金月缴存额冲抵后的贷款月还款额占家庭月收入的百分比	（公积金贷款月还款额 - 公积金月缴存额）/家庭月收入×100%
利息节省率	住房公积金贷款节省的利息额与商业贷款的利息额的百分比	（与公积金贷款等额的商业贷款利息额 - 公积金贷款利息额）/与公积金贷款等额的商业贷款利息额×100%

表 7 - 1 是对贡献度相关指标的测算和解释，住房消费贡献度的判断标准如表 7 - 2 所示。

表 7 – 2　　　　　　　　　　　　住房消费贡献度判断标准　　　　　　　　　　　单位：%

指标名称	低	中	高
贷款贡献度	<40	40～70	>70
还款贡献度	<30	30～50	>50
月收入还贷率	>40	20～40	<20
利息节省率	<15	15～20	>20

第二，住房支付能力指数（HAI），是指居民或家庭在满足日常开支外购买合适住房的能力，用于确定住房公积金制度对居民购房能力的影响。住房公积金对住房消费的影响是由住房公积金每月缴存补充每月可支配收入前后，住房可负担指数的变化来决定的，可通过式（7 – 1）来计算住房支付能力指数：

$$HAI = \frac{I \times Q \times \left[(1+i)^{12A} - 1 \right] \times 100}{P^* \times (1-b) \times i \times (1+i)^{12A}} \qquad (7-1)$$

其中，P^* 是当前市场住房总价，Q 是偿还本金及利息比例，i 是抵押贷款月利率，I 是家庭月收入，b 是首付款比例，A 是还款期限。这一研究方法在国外已经发展得相当成熟，它在计算时考虑了银行的贷款利率，贷款利率是一个重要的影响因素，对于贷款者来说具有重要的意义。这一研究指标既贴近现实，又具有一定的动态性。它可以为政府政策调整提供依据，又可以为居民购房提供参考。对住房支付能力判断的标准如表 7 – 3 所示。

表 7 – 3　　　　　　　　　　　　　　住房支付能力判断标准

类别	区间
住房支付能力不足	HAI <70
住房支付能力较弱	70≤HAI<90
住房支付能力正常	90≤HAI<110
住房支付能力较强	110≤HAI<130
住房支付能力很强	HAI≥130

本节数据来源于长三角地区 2015～2019 年度各省市统计年鉴以及住房公积金管理中心。

（二）安徽居民住房公积金对住房消费的影响分析

根据前文住房消费贡献度指标的计算方法，对 2015～2019 年安徽的相关参数进行统计。同时，为了了解安徽省住房公积金基本情况，本节收集了 2015～2019 年安徽省人均可支配收入的具体数据，对相关参数的分析情况如表 7-4 所示。

表 7-4　　　　　　　安徽居民住房公积金贡献度计算相关情况

参数	2015 年	2016 年	2017 年	2018 年	2019 年
人年均可支配收入（元）	26935.8	29156.0	31640.3	34393.0	37540.0
人均月可支配收入（元）	2244.65	2429.67	2636.69	2866.08	3128.33
户年均可支配收入（元）	79460.6	84260.8	90807.7	103179.0	112620.0
户均月可支配收入（元）	6621.7	7021.73	7567.31	8598.25	9385.00
公积金缴存基数（元）	4594.92	4925.17	5429.17	6198.17	6586.42
公积金缴存比例（％）	16	16	16	16	16
住宅均价（元/平方米）	5017	5637	6137	6937	7360
年销售套均面积（平方米）	102.37	102.60	105.90	112.20	125.40
购房首付款比例（％）	30	30	30	30	30
公积金最高限额（万元）	30	35	35	40	40
公积金贷款年利率（％）	3.5	3.25	3.25	3.25	3.25
商业贷款年利率（％）	5.9	4.9	4.9	4.9	4.9

资料来源：根据安徽省住房公积金年报计算整理。

根据表 7-4 数据，通过计算可以得出家庭购房款总额、公积金贷款和商业贷款的利息额等中间参数。由此计算得出的相关中间参数具体数值如表 7-5 所示。

表 7 - 5　　　　　　安徽居民住房公积金贡献度计算相关情况

参数	2015 年	2016 年	2017 年	2018 年	2019 年
家庭购房款总额（万元）	51.36	57.84	64.99	77.83	92.29
公积金贷款月利率（%）	0.29	0.27	0.27	0.27	0.27
商业贷款月利率（%）	0.49	0.41	0.41	0.41	0.41
公积金贷款月还款额（元）	1347.13	1523.22	1523.22	1740.83	1740.83
商业贷款月还款额（元）	1779.41	1857.54	1857.54	2122.91	2122.91
公积金贷款利息额（万元）	18.50	19.84	19.84	22.67	22.67
商业贷款利息额（万元）	34.06	31.87	31.87	36.42	36.42

资料来源：根据安徽省住房公积金年报计算整理。

根据式（7 - 1）和表 7 - 5 得出的数值计算得出 2015～2019 年安徽居民住房消费的贡献度情况。2015～2019 年 5 年间安徽居民住房消费的 4 个贡献度指标情况见表 7 - 6。

表 7 - 6　　　　　　安徽居民住房公积金贡献度情况　　　　　　单位：%

贡献度指标	2015 年	2016 年	2017 年	2018 年	2019 年
公积金贷款贡献度	58.41	60.51	53.85	51.39	43.34
公积金还款贡献度	54.57	51.73	57.03	56.97	60.54
家庭月收入还贷率	9.24	10.47	8.65	8.71	7.32
公积金利息节省率	45.68	37.75	37.75	37.75	37.75

从表 7 - 6 可以看出，从贷款贡献度来看，2016 年最高，达到 60.51%，从表 7 - 3 的判断标准可以看出，贷款贡献度总体处于中等水平，说明住房公积金基本可以满足居民住房消费。从还款贡献度来看，安徽住房公积金还款贡献度均大于 50%，还款贡献度水平较高，说明住房公积金有效促进了还款。从家庭月收入还贷率来看，该指标均低于 20%，贡献度较高，说明月收入还款率较高，还款压力相对较小。从利息节省率来看，利息节省率均大于 30%，利息节省率水平较高。同时，也可以说明住房公积金贷款对家庭的还款压力较小。

为了了解参与住房公积金制度对居民家庭住房支付能力的影响，表7-7在前面数据的计算基础上加上了户均人口、户均从业人口和还款期限等相关数据，另外增加了补充后个人和家庭的可支配收入，以分析补充前后数值在公积金缴存上是否有区别，具体如表7-7所示。

表7-7　　　　　　　安徽居民家庭住房支付能力指数计算相关情况

参数	2015 年	2016 年	2017 年	2018 年	2019 年
住宅均价（元/平方米）	5017	5637	6137	6937	7360
套均住宅总价（万元）	51.36	57.84	64.99	77.83	92.29
人均月可支配收入（元）	2244.65	2429.67	2636.69	2866.08	3128.33
户均人口（人）	2.95	2.87	2.87	3	3
户均从业人口（人）	2.38	2.37	2.37	2.37	2.32
户均月可支配收入（元）	6621.70	7021.73	7567.31	8598.25	9385.00
购房首付款比例（%）	30	30	30	30	30
商业贷款年利率（%）	5.9	4.9	4.9	4.9	4.9
商业贷款月利率（%）	0.49	0.41	0.41	0.41	0.41
还款期限（年）	30	30	30	30	30
公积金缴存基数（元）	4595	4925	5429	6198	6586
公积金缴存比例（%）	16	16	16	16	16
补充后个人可支配收入（元）	2979.85	3217.67	3505.33	3857.76	4182.09
补充后户均可支配收入（元）	8371.48	8889.29	9625.99	10948.53	10937.39

资料来源：根据安徽省住房公积金年报计算整理。

从表7-7可以看出，安徽住宅均价和城镇居民人均可支配收入总体呈现上升趋势。进一步通过对表7-7相关数据的整理计算，得出个人以及家庭住房支付能力指数以及补充后的个人以及家庭住房支付能力指数情况，如图7-7所示。

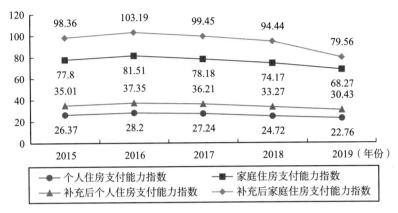

图7-7　安徽居民家庭住房支付能力指数情况

从图7-7可以看出，补充后的住房支付能力明显比补充之前要高，说明无论对于个人还是家庭而言，缴纳住房公积金都会提高其住房消费能力。单位和个人住房公积金缴存额实质上是职工额外获得的资金补贴，从某种角度可以看作增加了个人和家庭的可支配收入。虽然前人并没有对这种指标作出具体的范围规定，但是可以肯定的是，安徽住房公积金制度对居民家庭住房支付能力的提升有促进作用。

（三）浙江住房公积金对住房消费的影响分析

和上述安徽的处理方法相似，对浙江的住房贡献度进行处理，得到的相关指标情况如表7-8所示。

表7-8　　　　　　浙江居民家庭住房公积金贡献度情况　　　　　　单位：%

贡献度指标	2015年	2016年	2017年	2018年	2019年
公积金贷款贡献度	45.88	42.75	35.87	28.94	31.65
公积金还款贡献度	45.71	51.06	56.16	61.85	54.46
家庭月收入还贷率	9.01	7.29	6.02	4.86	6.72
公积金利息节省率	45.69	37.75	37.75	37.75	37.75

从表7-8住房贡献度可以看出，从公积金贷款贡献度来看，2015年和

2016 年公积金贷款贡献度达到中等水平，均超过 40%，但不足 70%，说明贷款贡献度并不高；2017 年以后，贷款贡献度均低于 40%，贷款贡献度不足，可能的原因是房价上涨太快，房价太高，住房公积金不足以对住房消费起到较大的补充作用。从还款贡献度来看，还款贡献度均大于 40%，处于中等水平，说明住房公积金月缴存额足以达到还款的要求。从家庭月收入还贷率来看，月收入还贷率均小于 10%，说明家庭月收入还贷能力较强，公积金缴存额可以达到还款的标准。从利息节省率来看，利息节省率均大于 30%，说明公积金贷款比商业贷款可以节省更多的利息。住房公积金的住房支付能力指数如图 7－8 所示。

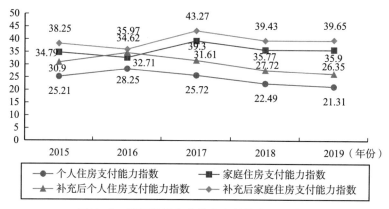

图 7－8　浙江居民家庭住房支付能力指数情况

从图 7－8 可以看出，住房公积金的住房支付能力均低于 50，表现不足。但是，住房公积金可以增强住房支付能力，在满足日常开支的情况下，缴存住房公积金的居民比未缴存住房公积金的居民住房支付能力要高。

（四）江苏居民家庭住房公积金对住房消费的影响分析

与上述研究方法相同，对江苏居民家庭住房贡献度进行分析，具体指标如表 7－9 所示。

表7-9	江苏居民家庭住房公积金贡献度情况			单位：%	
贡献度指标	2015 年	2016 年	2017 年	2018 年	2019 年
公积金贷款贡献度	32.57	26.66	33.91	25.21	29.09
公积金还款贡献度	61.15	68.63	55.67	61.08	53.06
家庭月收入还贷率	5.67	4.12	7.07	5.74	8.00
公积金利息节省率	45.68	37.77	37.75	37.75	37.76

从表7-9来看，江苏公积金贷款贡献度均小于40%，说明公积金贷款贡献度较低，贷款额度不足以满足居民的购房需求，或者可能住房价格太高，导致总体贡献度偏低。从公积金还款贡献度来看，还款贡献度均大于50%，最高达到68.63%，说明还款贡献度较高，公积金缴存额可以满足公积金的还款额。从家庭月收入还贷率来看，均小于10%，最低达到4.12%，说明月收入还贷情况较好，缴存住房公积金的居民购房还款压力较小。从公积金利息节省率来看，均大于30%，最高达45.68%，说明公积金贷款利息相较于商业贷款利息要低，利用公积金贷款对居民更有利。江苏住房支付能力指数如图7-9所示。

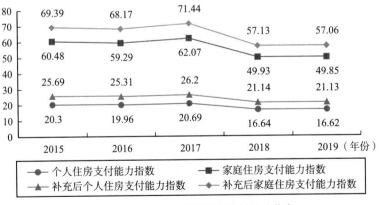

图7-9 江苏居民家庭住房支付能力指数

从图 7-9 可以看出，住房支付能力指数总体不足，但是缴存住房公积金的居民住房支付能力更强，在满足日常生活支出的情况下还款压力较小，生活质量更好，相较于未缴存住房公积金的居民来说购房更有利。

（五）上海居民家庭住房公积金对住房消费的影响分析

同样，对上海居民家庭的住房公积金贡献进行分析，相关指标情况如表 7-10 所示。

表 7-10 　　　　　　　　上海居民家庭住房公积金贡献度情况　　　　　　单位：%

贡献度指标	2015 年	2016 年	2017 年	2018 年	2019 年
公积金贷款贡献度	26.65	20.84	23.07	23.40	21.76
公积金还款贡献度	38.85	43.67	47.82	43.70	53.70
家庭月收入还贷率	12.61	10.07	8.59	10.86	8.19
公积金利息节省率	45.68	37.76	37.76	37.77	37.77

从表 7-10 可以看出，在公积金贷款贡献度方面，贡献度均小于 30%，贡献度水平较低，说明住房公积金的贷款额度不足以满足居民的住房消费，可能是房价过高导致该指标过低。从公积金还款贡献度来看，均大于 30%，2019 年甚至超过 50%，说明还款贡献度较好，公积金缴存额可以满足居民使用公积金贷款的还款额，还款压力较小。从家庭月收入还贷率来看，均小于 20%，还贷能力较强，说明缴存公积金的家庭月收入可以较好满足居民的还贷情况，减小还贷压力。从利息节省率来看，均大于 30%，利息节省率较高，说明公积金贷款比商业贷款可以节省更多的利息，可以减小还贷的压力。住房支付能力指数如图 7-10 所示。

由此可以看出，上海居民住房支付能力总体不足，但是缴存住房公积金的居民相较于未缴存住房公积金的居民住房支付能力更强，在满足日常生活消费支出的同时，可以相对减小还款压力，不会因为购房而导致生活质量的大幅度下降。

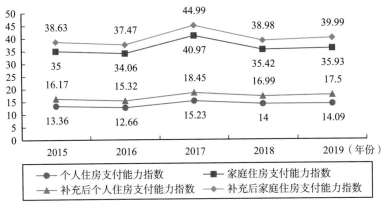

图 7 - 10　上海居民家庭住房支付能力指数情况

五、实证结果分析

从总体分析结果来看，住房公积金对长三角地区居民的住房消费情况产生了较为积极的影响，但是，由于个别地区的房价涨幅偏高，住房公积金的支持力度可能表现不足。对于房价本身较低，而且涨幅较慢的地区来说，住房公积金对居民住房消费的促进作用较为明显。在研究中发现，上海、江苏、浙江的房价相对较高，上海住房公积金制度虽然在中国起步最早，但是对上海居民住房消费的支持力度表现不足，可能是由于上海地区近年来房价较高，增长速度较快所导致的。上海作为中国的经济金融中心，有着得天独厚的地理区位优势和政策倾向优势，经济发展较快，房价自然就会偏高，使得普通居民想要在上海定居极其困难。即使有住房公积金的保障，购房的意愿也表现不足。江苏和浙江总体表现较好，可能由于这两个地区房价较为适中，公积金的保障力度基本上能够满足人们的住房需求。安徽住房公积金发展状况良好，这与安徽本身的房价较其他 3 个地区较低有关，人们利用住房公积金贷款可以较为轻松地购买到住房，购房压力相对较小。长三角住房公积金一体化的推动，更有利于三、四线城市住房市场的发展，更多人可以在一线城市工作，缴纳住房公积金，然后在三、四线城市选择购房定居，这样可以在很大程度上减小中低收入人群的购房压力，使他们的住房能够得到保障。

六、结论与建议

（一）结论

通过上文实证分析可以看出，住房公积金对住房消费的影响主要体现在以下几个方面。

从住房贡献度来看，长三角地区的贷款贡献度情况中，安徽表现最好，住房公积金的贷款额度基本可以满足居民的购房消费，这也可能与安徽的房价相对较低有关。上海的贷款贡献度相比之下较低，住房公积金贷款很难满足居民的购房消费，可能与上海的房价相对较高有关。而浙江和江苏表现相似。长三角地区的还款贡献度、家庭月收入还贷率和公积金利息节省率总体表现相似，说明缴存住房公积金的居民在还款方面较未缴存公积金的居民更具优势，公积金缴存额可以在一定程度上满足居民的还贷额，家庭月收入也基本可以满足还贷额，还款利息较低，还款压力相对较小。

从住房支付能力指数来看，长三角地区个人住房支付能力不足，安徽、浙江和江苏均大于20，而上海低于20，可能的原因是上海房价相较于其他三省较高，导致居民在满足日常生活消费支出后购房还款支付能力不足，购房后生活质量可能大幅度下降。但是总体来看，缴存住房公积金的居民要比未缴存住房公积金的居民的住房支付能力要强。

从积极的影响方面来看，住房公积金对居民住房支付能力的提高作用，主要体现在以下两方面：一是住房公积金可以通过提升居民公积金贷款的还款能力，节省还款利息额，进而减小居民贷款购房的还款压力。住房公积金贷款相对于商业贷款而言，利率较低，所要支付的利息额自然也会相对较少，这对于缴存公积金的居民来说可以降低其还款压力，从而相对提高其生活质量；对于收入较高的群体而言，可以利用公积金贷款进行更宜居住房的消费，提高住房质量，满足更高品质的生活。二是住房公积金可以通过支持保障性住房来平抑房价，增加保障性住房对商品房产生的替代效应，从而人们对商品房的需求就会减少，此时商品房的售价就会被抑制或者下降，这样居民在购房时压力就会减小。当然，住房公积金对住房消费的影响也有其消极的一面，住房公积金在支持保障性住房的同时，如果保障性住房对商品房产生挤兑效应，就会导致商品房源紧缺，从而导致商品房价格上涨，居民的购房成本就会相应增加，购房压力加大。

综上，虽然住房公积金在住房贷款贡献度和住房支付能力方面表现相对不足，但对住房消费依然具有一定促进作用，相较于未缴存住房公积金的居民而言，缴存住房公积金可以提高还款能力，降低还款压力，增强住房支付能力，相应地，居民的购房意愿就会在一定程度上增强。当然，房价在居民购房过程中是需要考虑的重要问题。长三角地区安徽的房价相对较低，而上海的房价相对较高，如果以相同的金额在安徽进行购房，会有更好的居住条件，或者在两地购买相同面积大小的住房，在安徽的还贷款压力更小。因此，目前长三角地区住房公积金一体化的推进具有重大意义，人们可以在上海缴存住房公积金，然后在安徽等房价较低的城市提取住房公积金进行住房消费，这样可以在减小还款压力的同时，提高居住质量。

（二）建议

我国住房公积金制度已有 30 余年的发展历程，与住房消费市场深度融合。从全面建成小康社会和高质量发展的新历史起点出发，住房公积金制度需要及时改正自身不足，更好地回馈社会，抓住机遇主动求变。但住房公积金制度的发展前景还存在不确定性，社会对此并未产生广泛的认识。所以应该着眼于当下，解决住房公积金制度存在的问题，在现有的制度格局下进行优化和认识突破，为住房公积金制度能够更好地服务于广大人民群众打下坚实的基础。在上述研究的基础上提出以下几点建议，希望可以对长三角地区住房公积金制度的完善和优化提供简单的参考意见，以更好地适应居民住房消费的需求：

一是因城施策。根据不同地区的情况采取不同的调整政策，更好地满足刚性需求。对于安徽而言，住房公积金的缴存额、提取额和个贷发放额都较低，说明居民使用公积金进行购房的意识不够强烈，应该加大宣传力度，将更多低收入人群和新市民纳入制度保障中来。对于浙江、江苏和上海而言，由于房价较高，可以适当提高公积金贷款最高限额，以适应高额的房价。同时，可以为有能力的居民补充住房公积金的缴存，这样就可以更好满足其住房需求。

二是将强制缴存与自愿缴存相结合。长三角地区住房公积金缴存覆盖范围并不全面，存在很大的缺失，为了让更多的低收入家庭有资格享受这一政策，对住房公积金的强制缴存原则也应限于中低收入群体，将更多的中低收入人群纳入保障中来。对于高收入人群，鼓励自主缴费，允许公积金贷款买房，限制申请政策性住房的权利。

三是精简办理业务流程。通过对长三角地区各省市住房公积金办理流程的了解发现，住房公积金办理流程较为烦琐，这也是人们在购房时不愿使用住房公积金贷款的一个重要原因，为了使住房公积金能够更好地服务更多的人，就需要精简办理业务的相关流程，为有公积金住房贷款需要的群众提供一站式办理服务，避免让办理贷款的居民费时费力。

四是加快推动长三角住房公积金制度一体化的发展。住房公积金一体化的发展在目前来说相当重要，长三角地区各地住房消费水平不一，对于中低收入人群来说，他们在一线城市工作很多年，虽然缴纳住房公积金，但是在一线城市定居还是存在着很大的困难，而三、四线城市可能更适合这类群体的住房消费水平，因此推动住房公积金一体化的发展才会更有利于低收入群体的住房消费，也能相应推动三、四线城市房地产市场的平稳健康发展，从而带动相关地区经济的繁荣。

第二节　住房公积金与新市民城市定居

加快解决新市民住房问题是推进新型城镇化的内在要求，是实现全体人民住有所居的重要举措。根据住房和城乡建设部住房公积金监管司《关于在全行业组织开展新市民住房问题专题调研的通知》要求，开展新市民住房问题调研是按照新时代住房制度要求、深入了解新市民住房需求、改革住房公积金制度、实现为新市民多渠道住房需求提供保障的一项基础性工作，安徽在全省16个地级市组织开展了专题调研工作。本章将以安徽为例，在分析新市民基本情况、住房状况、住房需求、住房公积金情况的基础上，从住房公积金角度出发，为实现新市民住有所居提供政策建议。

一、新市民基本情况

新市民住房问题专题调研在安徽范围内经随机抽样，共获得新市民有效样本 7684 人（户），其中，男性 3768 人，占 49.0%，女性 3916 人，占 51.0%；已婚占 79.1%，未婚占 19.9%；少数民族占 4.1%。通过对调查问卷数据的汇总及分析表现，新市民群体呈现以下特点：

（一）规模和分布情况

新市民是指在城镇居住 6 个月以上，拥有外市户籍（含外市城镇户籍和外市农村户籍）或本市农村户籍的常住居民。以 2017 年安徽省各城市城镇常住人口减去户籍人口的差额测算新市民规模（见表 7 - 11）。

表 7 - 11　　　　　　　　2017 年安徽各地区新市民测算数据

地区	常住人口数（万人）	城镇化率（%）	城镇常住人口（万人）	户籍人口（万人）	城镇户籍人口（万人）	城镇常住人口 - 户籍人口（万人）
安徽	6254.8	53.49	3345.7	7059.15	2192.85	1152.8
合肥	796.5	73.75	587.4	742.76	353.48	234.0
芜湖	369.6	65.05	240.4	387.65	203.30	37.1
蚌埠	337.7	55.31	186.8	381.25	133.42	53.3
淮南	348.7	63.46	221.3	389.56	163.21	58.1
马鞍山	230.2	67.89	156.3	229.35	111.14	45.1
淮北	222.8	63.61	141.7	216.95	112.52	29.2
铜陵	160.8	55.79	89.4	171.10	71.44	18.3
安庆	464.3	48.57	225.5	530.50	157.73	67.8
黄山	138.4	50.90	70.5	148.46	48.85	21.6
滁州	407.6	51.89	211.5	452.25	138.71	72.8
阜阳	809.3	41.75	337.9	1070.07	194.86	143.0
宿州	565.7	41.56	235.1	655.47	138.44	96.7
六安	480.0	45.41	218.0	588.20	120.48	97.5
亳州	516.9	39.77	205.6	650.77	115.42	90.1
池州	144.9	53.67	77.8	162.36	54.73	23.1
宣城	261.4	53.69	140.3	280.44	75.14	65.2

从全省情况看，新市民总体规模达 1152.8 万人，占城镇常住人口比重达 34.46%。分城市看，合肥（234 万人）、阜阳（143 万人）排名靠前，六安（97.5 万人）、宿州（96.7 万人）、亳州（90.1 万人）紧随其后，而铜陵

（18.3 万人）、黄山（21.6 万人）、淮北（29.2 万人）排名靠后（见图 7 - 11）。这说明安徽新市民分布情况南北差异明显，皖北城市人口规模大，新市民数量多；皖南城市人口规模小，新市民数量分布少。

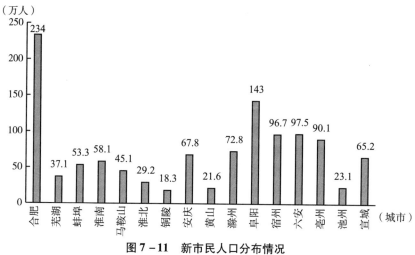

图 7 - 11 新市民人口分布情况

（二）户籍特征

以农村流入为主，跨地区流动为辅。调查显示，新市民在城市平均居住时间达 9.3 年，在流动方式调查中，"农村流入"方式有 4702 人，占流动方式的绝大多数，占比 61%，而"跨市流入"有 2982 人，占比为 39%（见图 7 - 12）。说明城市人口流入以农村流入为主，而跨地区流入比重偏小，城市吸引力有进一步提升空间。

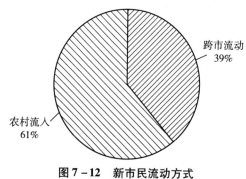

图 7 - 12 新市民流动方式

（三）人口特征

（1）以新生代为主，年龄结构趋于年轻化。调查显示，受访者平均年龄为 36.7 岁，在年龄结构方面，16～30 岁有 2808 人，占 36.50%；31～45 岁有 3112 人，占 40.50%；46～60 岁有 1764 人，占 23%（见图 7 - 13）。可以发现，"新生代"是新市民的主力军，45 岁以下达 77%。这一特征在省会合肥市表现尤为明显，受访新市民中 46～60 岁仅占 4%。可能的原因是，年轻人学习劳动技能和新知识能力更强，更容易在城市中找到合适的工作，对城市生活更能适应，融入城市的愿望更强烈，对居住在城市的渴望更迫切。

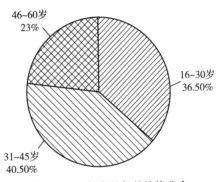

图 7 - 13　新市民年龄结构分布

（2）以中低学历为主，研究生以上学历少。在受访者受教育程度方面，新市民中低层次居多，高层次较少，总体文化层次不高。调查显示，没上过学的人有 275 人，占 3.6%；初中及以下学历的人有 2736 人，占 35.6%；高中（职高）学历的人有 1729 人，占 22.5%；本科（专科）学历的人有 2778 人，占 36.2%；研究生及以上学历的人有 166 人，仅占 2.2%（见图 7 - 14）。

（四）新市民家庭特征

（1）已婚新市民居多，占比近 80%。调查显示，新市民受访者中已婚比例高，占比达 79.1%，未婚占 19.9%，离异仅占 1%（见图 7 - 15）。

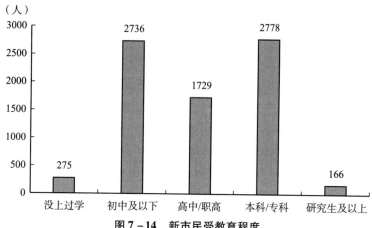

图 7 - 14　新市民受教育程度

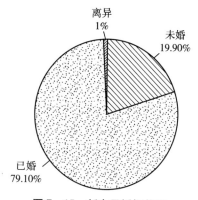

图 7 - 15　新市民婚姻状况

（2）以家庭迁徙为主。调查显示，91.4％的新市民受访者都有1名以上的随迁人员，其中，有3名随迁人员的比例最高，占新市民总人数的27％（见图7-16），其中，以配偶或子女为主。

（五）就业特征

（1）私企和个体工商户占比近60％。调查显示，新市民受访者中选择私营企业的有2252人，占45.1％；选择机关团体（事业单位）的有1038人，占20.8％；个体工商户有709人，占14.2％（见图7-17）。

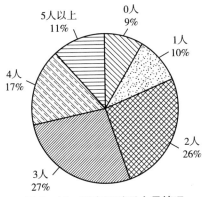

图 7 - 16　新市民随迁人员情况

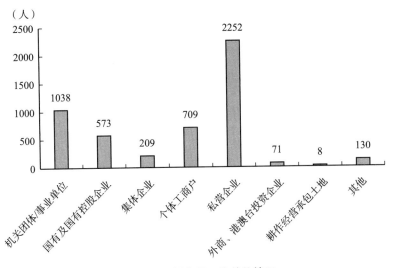

图 7 - 17　新市民工作单位情况

（2）以受雇为主，其次为创业或自由职业。调查显示，新市民受访者中受雇于他人或单位（务工）的有 4616 人，占 67.0%；创业的有 1372 人，占 19.9%；其后依次为自由职业、临时性工作和务农等（见图 7 - 18）。这表明新市民工作性质具有不稳定的特点。

（3）从业行业以批发零售、制造业为主。调查显示，新市民主要从事领域为批发和零售业，有 1005 人，占 15.8%；制造业有 925 人，占 14.6%；住宿业与餐饮业有 696 人，占 10.9%（见图 7 - 19）。

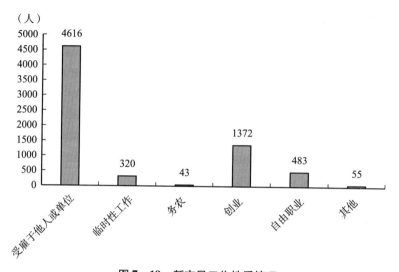

图 7-18 新市民工作性质情况

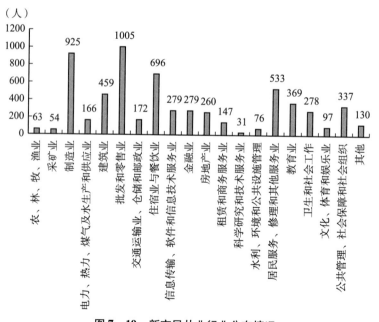

图 7-19 新市民从业行业分布情况

（六）家庭收入与负债状况

（1）家庭人均收入不高，低于全省城镇平均水平。调查显示，目前新市民人均税后收入为28518.1元，平均到每月为2376.51元。根据《安徽省2017年国民经济和社会发展统计公报》显示，安徽2017年城镇常住居民人均可支配收入为31640元，新市民收入比全省城镇常住居民人均可支配收入低10.95%（见图7-20）。结合新市民工作性质不稳定特点，说明新市民具有收入偏低且不确定的特征。

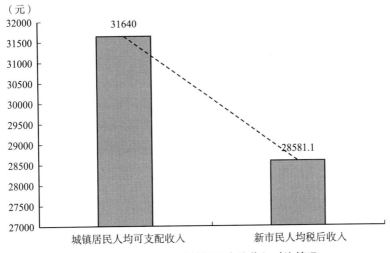

图7-20　新市民和城镇居民人均收入对比情况

（2）近三成家庭有负债，超1/3家庭有住房负债。调查显示，新市民家庭有负债的比例为29.8%，家庭平均总负债（不包含无负债的家庭）为233983.8元；有住房负债家庭的比例为34.0%，住房负债（不包含没有住房负债的家庭）为253798.4元；农业、工商业经营负债为189214.3元，购车负债为85133.4元，教育负债为46536.8元，在负债类型中，以住房负债为主，农业和工商业经营、购车、教育负债次之（见图7-21）。

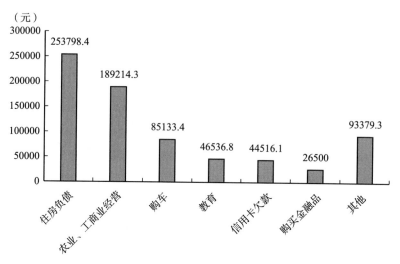

图 7 - 21　新市民负债类型分布情况

二、新市民住房状况

根据调查结果，新市民在市城镇地区拥有住房的家庭占比为 69.3%，在市城镇地区拥有多套住房的家庭占比为 11.3%，市城镇地区有房家庭平均拥有住房套数为 1.2 套。

（一）超 60% 新市民以"家庭居住"为主

调查显示，大部分新市民在城市的居住形式以家庭居住为主，人均居住面积较低。在关于居住形式的情况中，62.7% 的新市民选择了"家庭居住"，"群体居住"的新市民占 23.6%，"个人独居"的新市民占比为13.7%（见图 7 - 22）。

（二）新市民家庭人均居住面积远低于城镇人均水平

调查显示，新市民人均居住建筑面积仅为 16.6 平方米，但据《安徽省2017 年国民经济和社会发展统计公报》显示，2017 年末，安徽城镇常住居民人均住房建筑面积为 37.4 平方米，新市民人均居住面积远远低于全省城镇人均水平，居住舒适度不容乐观（见图 7 - 23）。

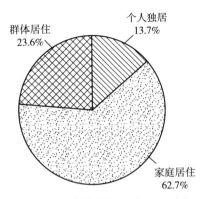

图 7 – 22　新市民在城市居住形式

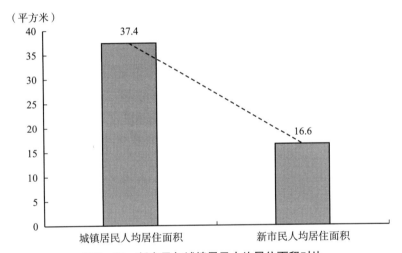

图 7 – 23　新市民与城镇居民人均居住面积对比

（三）以家庭自有住房为主，租赁以非亲属来源为主

调查显示，新市民住房获取渠道以家庭成员自有住房为主，其次是租赁住房和免费居住（见图 7 – 24）。

其中，新市民租赁或免费居住住房来源中，非亲属占比达 60%，其次是单位住房占 21%，再次是国家提供住房占 12%（见图 7 – 25）。

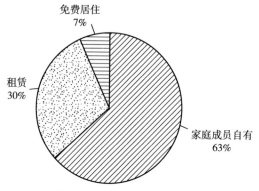

图7-24 新市民住房获取渠道

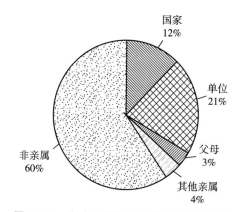

图7-25 新市民租赁或免费居住住房来源

三、新市民住房需求

(一) 近70%新市民在城市有长期定居计划

新市民受访者选择"未来计划定居时间5年以上"的有5348人,占比达69.6%,选择"不清楚"的有1161人,占比为15.1%(见图7-26)。这表明,新市民随迁人员不断增多,并且有长期定居计划,居住稳定性较高,能够消除后顾之忧,全身心投入工作和生活中。随着对城市生活认同感的增加,新市民群体已经从单一"个人务工"逐渐演变成"家庭迁徙"。

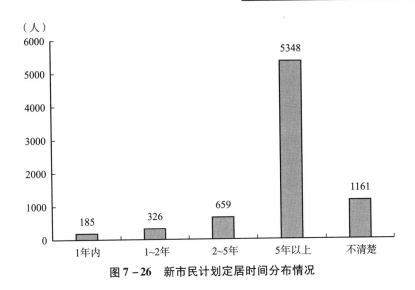

图 7 - 26　新市民计划定居时间分布情况

（二）购租需求以子女教育、结婚和改善为主

在关于购房意愿情况的调查中，未来两年有购房计划的新市民占比为32.5%；在购房原因中，子女教育（学区房）、结婚（婚房）、改善性住房（换房）、首套房（刚需）等因素排名居前（见图 7 - 27）。

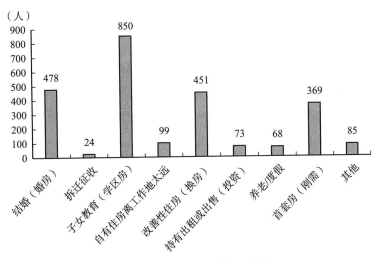

图 7 - 27　新市民计划购房原因

新市民租房家庭中有 17.9% 的受访者表示"未来两年计划更换目前租住房屋"。在"租房家庭未来两年计划更换租住房屋原因"中，自有住房离工作地太远、因子女教育而租住学区房的需求等原因占比较大（见图 7-28）。

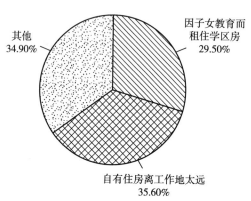

其他
34.90%

因子女教育而
租住学区房
29.50%

自有住房离工作地太远
35.60%

图 7-28　租房家庭计划更换租住房屋原因

（三）限制立即购房的因素以首付困难、不急于购房为主

调查显示，有 36% 的受访者表示因为"没钱付首付"而不能立即购房，其次分别是"不急于购房"（34.8%）、"没找到合适房源"（17.2%）、"工作地点不稳定"（2.7%）。而"受限于购房政策（限购、限贷）"（0.5%）、"户籍限制"（0.3%）、"社保缴存时长限制"（0.2%）等制度性因素并不是限制新市民立即购房的主要因素（见图 7-29）。

（四）限制购房的因素以已经拥有住房、没钱付首付为主

调查显示，在限制新市民购房原因中，"已经拥有住房"的有 2459 人，占比达 47.5%，其次分别是"没钱付首付"（21.10%）、"不急于购房"（17.10%）、"工作地点不稳定"（7.10%）、"没找到合适房源"（1.30%）。而"受限于购房政策（限购、限贷）"（0.20%）、"户籍限制"（0.50%）等制度性因素并不是限制新市民购房的主要因素（见图 7-30）。

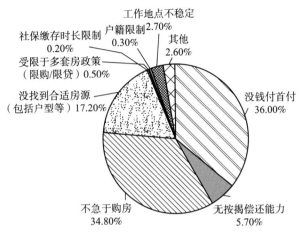

图 7-29 限制新市民立即购房原因

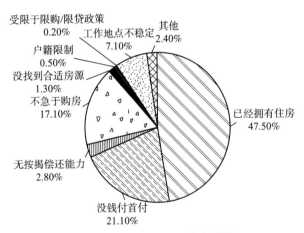

图 7-30 限制新市民购房原因

四、新市民住房公积金建立使用情况

（一）住房公积金缴存率低，超60%单位不给缴或尚未建立

调查显示，新市民住房公积金缴存比例仅为27.9%，说明有72%以上的新市民没有享受到住房公积金惠民政策。究其原因，32.6%的受访者是因为"单位不给缴"，29.5%的受访者是因为"个体工商户没有住房公积金"，14.2%的受访者是因为"对住房公积金缴存、提取、贷款政策不了解"（见图7-31）。

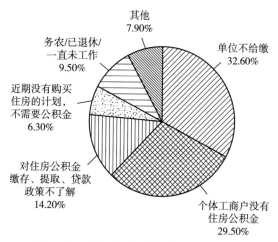

图7-31 新市民暂不缴存住房公积金原因

（二）住房公积金缴存意愿强烈，私企、个体工商户占比偏高

在关于缴存住房公积金意愿问题中，有59.5%的未缴存受访者表示愿意缴存。从收入分组看，未缴存公积金新市民家庭中，总收入超5万元的家庭愿意缴存公积金的人数占比明显偏高（见图7-32）。

从工作单位类型看，未缴存公积金新市民群体中，工作单位类型属于私营企业、个体工商户的新市民愿意缴存公积金的占比较高（见图7-33）。

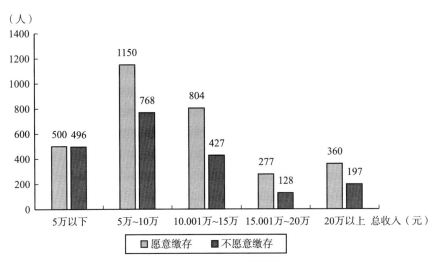

图 7 - 32 不同收入新市民家庭愿意缴存公积金情况

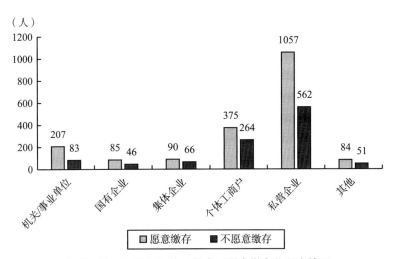

图 7 - 33 不同工作单位新市民愿意缴存公积金情况

如图 7 - 34 所示，希望"银行代扣"的占 53.60%，"单位代扣代缴"的占 27.90%，"自己去住房公积金中心窗口缴存"的占 17.80%，这表明未缴存人群对缴存住房公积金意愿强烈。

189

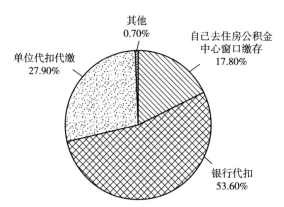

图7-34 新市民希望住房公积金缴存方式

(三) 住房公积金利用率低, 与计划定居时间正相关

将新市民是否提取住房公积金和计划居住时间进行对比分析 (见图7-35、图7-36), 结果显示定居时间达5年以上的新市民, 提取公积金和使用公积金贷款的人数明显增多。

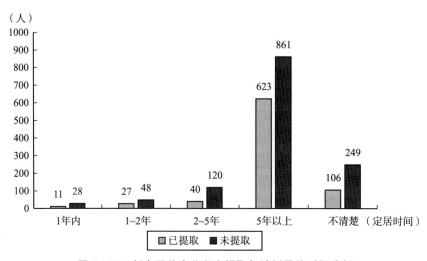

图7-35 新市民住房公积金提取与计划居住时间分析

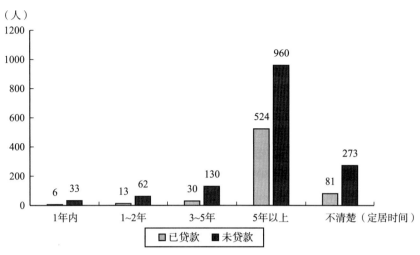

图7-36 新市民住房公积金贷款与计划居住时间分析

（四）住房公积金政策认知度不高，近半新市民不了解

在关于住房公积金政策的认知情况中，选择"了解"的新市民仅有1097人，占14.30%；有3117人选择了"有一定了解，但不清楚具体政策"，占40.60%；有3461名新市民选择了"不了解"，占总人数的45.10%（见图7-37）。这表明，在新市民群体中，对住房公积金具体政策认知较为模糊的人数比例较高。

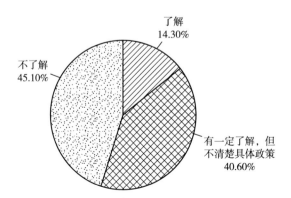

图7-37 新市民对住房公积金的认知情况

五、改革建议

当前，我国新市民群体规模巨大，解决其住房问题任务艰巨。应加快建立多主体供给、多渠道保障、租购并举的住房制度，让全体人民住有所居。作为我国政策性住房金融制度的主要代表，住房公积金责无旁贷，需要在住房市场改革中不断完善，以更好地适应住房市场长效机制的新环境和新需求。

（一）在顶层设计上提升公积金政策性金融功能

一是突破住房公积金属地化封闭运营模式，改革公积金管理体制。当前住房公积金实行以市为单位，资金封闭运营的模式，即原则上各市在《住房公积金管理条例》框架下对住房公积金享有各自管辖权，且不进行跨市流通，这显然引发了公积金运行的低效率及流动性不均。因此，需要突破公积金属地化封闭运营模式，大致可以分为3步进行改革。第一，设立省级和国家级两级住房公积金异地调度平台，且以省级调度优先，国家级调度托底。第二，在构建公积金省级调剂平台基础上，逐渐将公积金管理层级重心上移到省级层面，实现公积金的省级统管，更加便于资金的跨市流动。第三，在构建公积金国家级调剂平台基础上，进一步设立全国住房公积金管理中心，更便捷地统筹资金异地调度，增加抗风险能力。各地调度中心可进行资金短期头寸拆借和中长期有偿融资，并且用住房公积金沉淀资金投资可以更专业化、多元化，有益于提高公积金利用效率和保值增值能力。

二是拓宽住房公积金投融资渠道，提升政策性住房金融功能。《住房公积金管理条例》第三十条已经就拓宽公积金投融资渠道进行了明确，融资方面增加了可申请发行个贷支持证券或通过贴息等方式，投资方面增加了可购买大额存单、地方政府债券、政策性金融债、个贷支持证券等高信用等级的固定收益类产品。因此，需要通过金融运作的方式增强公积金的保值增值能力，进而缓解其流动性不足的问题。总的来说，可以用"集、管、控、用"4个层面加以概括，以此提升公积金政策性住房金融功能。第一，在公积金归集层面，以传统的强制缴存作基础，探索"强制＋自愿"的新归集模式，尤其是对农民工等群体。同时，以公积金资金流作担保，通过证券化方式扩大融资规模，保障资金流动性安全。第二，在公积金管理层面，可通过构建全国住房公积金管理中心进行统筹管理，实现资金的跨区域流通和高效利用。第三，在公积金使用层面，不仅要满足正常支取贷款等需求，还可通过投资高信用等级固定收益类产品提高资金营利性。第四，在公积金风控层面，引入商业银行流动性风险管控措施，建立资本充足率和准备金制度，守住公积金流动性的安全"阀门"。

三是构建公积金流动性预警机制，完善风险分级防控体系。住房公积金流动性不足的风险已成普遍现象。在当前制度改革方案尚未最终形成之前，各地应尽快构建住房公积金流动性预警机制，根据预警级别有针对性地采取相应防控措施。具体而言，公积金流动性风险分级防控体系分为对风险等级的划分和对管理层级的划分。第一，对风险等级的划分，各个地市一般可以构建 3 个预警等级，启动一级预警时，各地应制订资金筹措方案及存贷政策调整预案，进行前瞻性准备；启动二级预警时，各地应通过兑付存单、债券等，实现资金回笼，同时加大组合贷、公转商力度等缓解公积金贷款压力；启动三级预警时，各地可通过公积金贷款轮候发放等政策，控制资金流出速度。第二，对管理层级划分，可建立市级、省级以及国家级三级预警联动机制，实行市级对省级负责、省级对国家级负责，同时可以通过由上至下进行反向监督，确保地方能够积极有效应对住房公积金流动性风险。

（二）操作层面明确公积金互助定位、综合施策、分层次解决

一是在住房公积金扩面的制度定位上，应旗帜鲜明地明确住房公积金"我为人人、人人为我"的互助属性。以实现全体人民住有所居为目标，以住房公积金制度扩面改革为契机解决新市民住房问题，助力实现新市民住有所居的城市梦。

二是分层次解决新市民住房问题。（1）对于工作稳定、收入确定的新市民，稳步推进住房公积金扩面，有序实现公积金对这部分群体住房需求的保障。（2）对于工作不稳定、收入不确定的新市民，通过住房公积金使用政策向低收入人群倾斜，鼓励其租房，在公积金提取方面适当降低门槛，甚至是地方政府出台租房补贴政策。

三是特别注意扩面后住房公积金面临的违约风险。（1）完善住房公积金贷款风险评级体系。应该从新市民购房动机（主要区分投机性购房还是消费型购房）、拟定购房位置、房价水平及其波动状况、国家相关调整政策等多维度入手，将贷款者信用评级与宏观市场预期紧密结合起来，构建更为完整的公积金贷款风险评级体系。（2）对公积金贷款风险进行量化度量。可以借鉴商

业银行贷款风险管理中的信用评分模型、CreditRisk + 模型、KMV 模型、Cred-itMetrics 模型和模糊综合评判模型等技术手段对贷款者风险水平进行定量测度，使得公积金贷款风险管理更加科学有效。

第三节　本章小结

住房公积金作为我国住房金融体系的重要组成部分，是政策性住房金融的主要表现。本章通过对国内外住房保障政策的比较，发现其制度共同存在的问题，再结合大量数据，构建住房贡献度模型和住房支付能力指数模型，以长三角地区为例研究住房公积金对住房消费的影响，最后提出以住房公积金促进住房消费发展的相关建议，为住房公积金能够给更多的人带来福利保障提供参考。研究结果发现，相较于未缴存住房公积金的人群而言，住房公积金在居民购房时起到了一定的促进作用。尤其是在住房消费贡献上表现较好，充分说明住房公积金可以在一定程度上缓解居民的购房还贷压力。

加快解决新市民住房问题是推进新型城镇化的内在要求，是实现全体人民住有所居的重要举措。本章以安徽为例，在分析新市民基本情况、住房状况、住房需求、住房公积金情况的基础上，从住房公积金角度提出实现新市民住有所居的政策建议，包括提升公积金政策性金融功能、明确公积金互助定位、综合施策、分层次解决新市民住房问题等。

第八章

结论与展望

本章在前文研究基础上得出结论，包括对住房负担、租购选择、住房消费、住房公积金以及新市民城市定居的政策建议，以期促进包括农民工和流入城市大学毕业生群体等在内的新市民城市定居和整个社会城市化进程。

第一节 研究结论

我国城市居民住房负担能力总体呈现出先增强后减弱的趋势。不同经济发展水平的城市住房负担能力不同。北京、上海、深圳等一线城市房价过高，增速过快，导致城市住房压力过大。同时，一线城市与其他城市住房压力差异逐渐缩小，这表明二线城市或中等收入者的住房负担能力问题在不断增加。我国的城市住房负担能力呈现出区域性特征。中、西部地区与东部地区的差异逐渐缩小，住房负担能力的差距也基本保持稳定。2010~2015 年，城市住房负担能力持续增强，2015~2019 年，城市负担能力逐渐减弱，在 2015 年城市住房负担能力较强；但随着 2016~2019 年房价的增长，商业贷款利率降低所带来的冲击也逐渐减小，住房负担能力又开始减弱。

对生育意愿和住房负担关系的研究如下：第一，在"全面二孩"政策背景下，住房负担对流动人口的初育意愿没有影响，并且对于流动人口的再育意愿呈显著正相关。第二，年龄对流动人口的生育意愿呈倒"U"形。第三，无论初育还是再育，结婚年限以及流动范围与生育意愿都呈显著负相关。在此基础上，进一步研究住房负担对流动人口城市定居的影响。第一，住房负担因素和流动人口的定居意愿两者之间存在倒"U"形关系，在住房支出收入比较低的情况下，住房支出与收入比越高，流动人口定居的意愿越高，住房负担与定居意愿正相关。第二，当住房支出与收入比较高时，比值越高，定居意愿越低，即住房负担与定居意愿负相关。在不同年龄分组回归中，老一代和年轻一代差异不显著，在不同地区分组回归中，各地区存在差异，东部地区的流动人口定居意愿对住房负担因素的影响相对于中部和西部地区的流动人口来说更大。

通过对我国城镇居民住房选择及影响因素进行的讨论分析发现：住房收入比越高，城镇居民更倾向于作出租房选择，而幸福感强、本地居住时间长、参与社会养老保险都使居民倾向于作出购置住房选择；而区域间不同的是，东部地区租售比越高越会促使居民选择租房，而中部和西部，租售比越高使得居民更倾向于购房。此外，性别、年龄、户籍、婚姻状况、家庭收入、家庭人数、家庭汽车、阶级认同和生育欲望等因素都会对居民住房选择产生显著影响。

人均住房面积、住房产权归属情况对城镇居民的阶层认同影响显著，其中，对人均居住面积影响因素的研究显示，并不是居住面积越大，居民阶层认同感越高，而是在人均住房面积为40～59平方米时最高；住房产权归"父母所有"和"自己所有"时居民的社会阶层认同较高。居民人均年收入、受教育程度对居民自我阶层认同同样产生重要的影响，其中，居民人均年收入与其阶层认同呈正相关，收入越高，城镇居民认为的社会阶层就越高；城镇居民的受教育程度与阶层认同呈现出一种倒"U"形分布。而城镇居民的性别、婚姻状况对城镇居民自我阶层认同产生的影响较弱。针对上述结果，政府可以通过增加居民收入、改善居民住房环境等政策来解决居民在住房需求中所产生的问题并给予相应的引导。

住房消费对农民工城市融入有重要的促进作用，住房消费越高，城市融入度越高。除此以外，研究分别对个人特征不同的农民工依次进行回归检验，得出新生代与老一代、已婚农民工与未婚农民工之间存在着差异，即住房消费对农民工城市融入影响存在差异性。由此可得，农民工的城市融入问题变得更加重要，随着城镇化的发展，越来越多的农民工想融入城市，我们应该多关爱农民工群体，为他们进入城市提供良好的基础设施和公共服务，并鼓励农民工就近就业，这样会不断提高农民工的城市归属感，提升农民工的幸福指数，进而促进农民工定居城市意愿，提升和推动以人为核心的城镇化不断建设。

住房公积金作为我国住房金融体系的重要组成部分，是政策性住房金融的主要表现。通过对国内外住房保障政策的比较，发现其制度共同存在的问题，再结合大量的数据，通过构建住房贡献度模型和住房支付能力指数模型，以长三角地区为例研究住房公积金对住房消费的影响，最后提出以住房公积金促进住房消费发展的相关建议，为住房公积金能够更好地为更多的人带来福利保障提供参考。研究结果发现，相较于未缴存住房公积金的人群而言，住房公积金在居民购房时起到了一定的促进作用。尤其是在住房消费贡献上表现较好，充分说明住房公积金可以在一定程度上缓解居民的购房还贷压力。

第二节　新市民城市定居实现路径

新市民群体具有年轻化、受教育程度以中低层次居多、工作流动性大、收入不稳定等特点，体现在住房需求方面，表现为短期居住为主，缺乏长期定居的动力和意愿，居住舒适度不容乐观等。进一步研究表明，住房支付能力不足、住房租赁制度不健全以及社会保障权利不对等是制约新市民住房需求的主要因素，其背后深层次原因主要有住房供给市场结构失衡、重售轻租的思想观念以及租赁市场发展不规范等。基于上述结论，提出以下政策建议：

一、以稳就业为出发点，提高住房支付能力

一是提高新市民群体，尤其是流动人口的就业能力。新市民群体流动性大，文化水平、劳动技能以及综合素质普遍处于较低水平，较低的工资水平直接降低了流动人口住房支付能力。一方面，政府部门可以与培训学校合作，针对不同城市经济发展的技能以及岗位需求，有针对性地对流动人口进行专项培训。同时，政府部门可以进一步落实和完善对外来流动人口职业技能培训的补贴工作，通过免费或者缴纳少量费用的方式对流动人口进行培训，鼓励外来劳动人口不断提高其专业技能。另一方面，政府可以通过其他方式鼓励企业对流动人口进行职业技能培训，如流动人口职业培训费用允许企业进行税收专项扣除等。二是为新市民群体提供更多就业信息。由于文化水平较低以及社会融入度不高，他们获取就业信息的渠道较少，政府部门可以通过在就业网站发布就业信息，定期组织面向流动人口的专项招聘会，帮助流动人口获取就业信息，缩短流动人口搜寻工作机会的时间，提高劳动力与岗位的匹配效率。

二、完善公租房保障制度，规范住房租赁市场

构建以公租房、廉租房、保障性住房等为主体的农民工住房保障体系；坚持租购同权，优化长租市场，降低农民工的买房困难程度，改善农民工的住房状况。进一步完善公租房保障制度，丰富公共租赁住房类型，有效激活民间房屋租赁市场。完善公租房保障制度主要有两种方式，一是构建更加合理的货币补贴公租房租金体系，如根据不同群体的收入水平以及居住成本，对不同群体制定不同的住房补贴标准。二是依据不同公租人的经济承受能力以及家庭情况，提供多层次公租房类型供流动人口选择，应当在现有政策基础上探索"高端有市场、中端有支持、低端有保障"的三位一体住房供应模式，为最低收入群体提供廉租房，为中低收入群体提供社会化公寓以及经济住房，鼓励中等及以上收入群体购买与其经济能力相适应的自有房，同时提供一定优惠与补贴。丰富公共租赁住房类型方面，政府一方面可利用已有住房资源改善流动人口居住条件，另一方面可通过激活民间房屋租赁市场来盘活房屋存量。借鉴发达国家解决流动人口住房的经验，通过建立关于保障性住房以及住房租赁市场的强有力监督和管理机构，有助于统筹规划不同地区住房政策，有效跟进住房政策的执行情况，并保障住房政策的有效实施。同时，有步骤实施"租购同权"，以提升租房群体的获得感。

三、推进公积金制度改革，提升公积金金融功能

住房公积金是当前我国最主要的政策性住房金融制度，其本应在解决城镇居民住房问题方面发挥保障性和互助性作用，然而，由于特殊的制度安排，新市民群体仍然在很大程度上被该制度排除在外。住房公积金制度作为我国的一项重要的住房保障制度，对于降低职工住房成本，促进农民工市民化、新型城市化的发展具有重要意义，因此，将农民工群体纳入住房公积金制度的行列是住房公积金制度的一大完善，也是对农民工群体的一项住房保障。第一，完善住房公积金制度以及相关的住房保障制度，促进我国农民工市民化、城市化的进一步发展势在必行。与此同时，城市较高的房价是很多新市民难以逾越的购房门槛，这也导致公积金作用的发挥较为有限。第二，从住房公积金支持新市民解决住房问题的角度看，其前提是要将新市民纳入制度保障范围，构建多层

次的扩面工作长效机制。结合新市民实际状况，应突破住房公积金属地化封闭运营模式，改革公积金管理体制，提升住房公积金制度金融功能，对于潜在收入较高群体，实行市场化、差别化金融政策支持；第三，对于农民工群体，加大公积金扩面力度，应赋予公积金制度社保和医保功能，针对无单位依托的新市民群体，进一步发展自愿缴存机制，在个人缴存基础上调整优化个人缴存准入条件和配贷机制，提升个人自愿缴存机制的吸引力和普惠性等。

四、提高城市公共服务水平，增强社会福利普及性

提高各类城市的福利水平，尤其应该重点提升各类城市的文化教育、医疗保健、公共卫生、社会保险和就业保障等社会公共品的供给能力。提高城市的吸引力，使农民工落户城市后能够获得实实在在的好处，从而提升进城农民工的落户意愿。特别是一线城市需改变福利过度附着在户籍上的现状，创新户籍制度改革，采用积分落户等各种优惠政策留住有能力在城市落户的农民工，降低农民工落户门槛，快速推动农民工市民化进程。改变农民工市民化实现路径，调整农民工市民化目标。如今，随着户籍制度不断改革深化，大多数社会福利已经不再和城市户籍绑定，农民工凭借城市的居住证、房产证能享受的公共福利已经越来越多。从长远来看，只片面强调农民工城市落户的数量，把户籍人口城镇化率当成市民化目标的意义已经不大，甚至可能会阻碍农民工市民化进程。因此，应把城镇化目标调整为常住人口城镇化，在政策实施上要更加关注那些在城市常住农民工的福祉，给予平等的公共服务，逐渐降低城市户籍在社会福利分配中的重要性。

第三节　研究不足与展望

研究流动人口市民化过程中存在的城市定居问题，涉及面广，综合性较强，笔者在撰写的过程中，深刻体会到了此课题的复杂性和艰巨性，同时也认识到解决这一课题的重大现实意义。由于时间和笔者知识水平的限制，本书的不足与展望包括以下三点。

一是受时间限制，研究数据主要来自国家统计局的农民工调查数据、国家卫生健康委员会的流动人口动态监测数据以及中国人民大学发布的中国综合社

会调查报告数据等，这些数据的优势是调查方法科学、数据可靠、口径统一、获取较为容易，但也存在数据更新较慢，时效性不强、针对性不够的弱点。同时，本书也采用了来自安徽新市民住房的调查数据，但问卷的样本总量偏小，对研究全国新市民城市定居的代表性可能会有影响，希望在后续研究中，能继续加大对一手数据的搜集，调研新市民最新、最全面、最具体的住房需求和问题。

二是本书研究方法多采用先文献梳理，开展理论研究，再据此提出研究假设，进一步运用计量经济学方法和手段对其进行实证检验的研究思路，缺少系统性的机制分析和中介效应检验。

三是在新市民城市定居这一现实问题的系统梳理和思考中，尤其在对策建议的归纳总结中，无论是研究的深度和广度，还是研究的科学性、规范性、严谨性，都有很大改进空间，今后我们将在此领域内继续深入研究，以弥补不足。

附　录

城市	2010 年	2011 年	2012 年	2013 年	2014 年	2015 年	2016 年	2017 年	2018 年	2019 年
北京	32132	36365	40306	44564	48532	52859	57275	62406	67990	73849
天津	21800	24158	26586	28980	31506	34101	37110	40278	42976	46119
哈尔滨	17856	20530	23538	26363	28816	30978	33190	35546	37828	40007
长春	17921	20487	22969	26033	27298	29089	31069	33167	35332	37843
大连	21293	24276	27539	30238	33591	35889	38050	40587	43550	46468
沈阳	20541	23326	26431	29074	31720	36643	38995	41359	44054	46785
呼和浩特	25174	28877	32646	32003	34723	37362	40220	43518	46565	49397
太原	17258	20149	22587	24000	25768	27727	29632	31467	33672	36362
石家庄	18290	20534	23038	25274	26071	28168	30459	32929	35563	38550
上海	31838	36230	40188	43851	47710	52962	57692	62596	68034	73615
南京	28312	32200	32732	36200	42568	46104	49997	54538	59308	64372
杭州	30035	34065	37511	39310	44632	48316	52185	56276	61172	66068
宁波	30166	34058	37902	41729	44155	47852	51560	55656	60134	64886
合肥	15788	22459	25434	28083	29348	31989	34852	37972	41484	45404
福州	22723	26050	29399	32265	32451	34982	37833	40973	44457	47920
厦门	29253	33565	37576	41360	39625	42607	46254	50019	54401	59018
南昌	18276	20714	23602	26151	29091	31942	34619	37675	40844	44136
济南	25321	28892	32570	35648	38762	39888	43052	46642	50149	51913
青岛	24998	28567	32145	35227	38294	40370	43598	47176	50817	54484
郑州	18897	21612	24246	26615	29095	31099	33214	36050	39042	42087
武汉	20806	23738	27061	29821	33270	36436	39737	43405	47359	51706

续表

城市	2010 年	2011 年	2012 年	2013 年	2014 年	2015 年	2016 年	2017 年	2018 年	2019 年
长沙	22814	26451	30288	33662	36826	39961	43294	46948	50792	55211
广州	30658	34438	38054	42049	42955	46734	50940	55400	59982	65052
深圳	32380	36505	40742	44653	40948	44633	48695	52938	57544	62522
南宁	18032	20005	22561	24817	27075	29106	30728	33217	35276	37675
海口	16720	19730	22331	24461	26530	28535	30775	33320	36137	38977
重庆	17932	20249	22968	25216	25147	27239	29610	32193	34889	37939
成都	20835	23932	27194	29968	32665	33476	35902	38918	42128	45878
贵阳	16597	19420	21796	23376	24961	27241	29501	32186	35115	38240
昆明	18876	21966	25240	28354	31295	33955	36739	39788	42988	46289
西安	22244	25981	29982	33100	30175	33188	35630	35837	38729	41850
兰州	14061	15953	18443	20767	23030	27088	29661	32331	35014	38095
西宁	14085	15841	17633	19444	21291	25232	27539	30043	32500	34846
银川	17073	19481	21901	23776	26118	28261	30478	32981	35586	38217
乌鲁木齐	14382	16141	18385	24096	26890	31604	34190	37028	40101	42667
全国	18779	21427	24127	26467	28844	31195	33616	36396	39251	42359

资料来源：各市《统计年鉴》、各市《国民经济和社会发展统计公报》。

附表2　　　**2010～2019 年中国 35 个大中城市的住宅销售均价**　　单位：元/平方米

城市	2010 年	2011 年	2012 年	2013 年	2014 年	2015 年	2016 年	2017 年	2018 年	2019 年
北京	17151	15518	16553	17854	18499	22300	28489	34117	37420	38433
天津	7940	8548	8010	8390	8828	9931	12870	15139	15924	15423
哈尔滨	5196	5217	5113	5884	5751	6124	6338	7861	8932	9780
长春	5097	5970	5273	5729	5847	6374	6018	6811	8092	8731
大连	6759	7929	7584	7859	8921	8711	9119	10019	11433	12041
沈阳	5109	5613	5989	6074	5865	6416	6838	7944	8680	10251
呼和浩特	3650	4073	4798	4631	5153	4946	5196	5662	8251	10029
太原	7088	6517	6405	6668	7155	7303	7348	8827	10840	11136

续表

城市	2010 年	2011 年	2012 年	2013 年	2014 年	2015 年	2016 年	2017 年	2018 年	2019 年
石家庄	3807	4352	4714	4943	5562	7798	7354	9738	10399	9234
上海	14290	13566	13870	16192	16415	21501	25910	24866	28981	32926
南京	9227	8415	9675	11078	10964	11260	17884	15259	19708	19428
杭州	14259	12749	13292	14679	14035	14748	16211	21225	24360	26522
宁波	11669	11286	11385	11405	10890	11022	11738	14145	16202	15956
合肥	5502	5608	5754	6084	6917	7512	9312	11442	13069	14086
福州	7877	9553	10645	10155	10105	11333	11058	10547	14381	14186
厦门	11590	13423	12953	14551	17778	18928	25251	28053	33715	33830
南昌	4331	5323	5880	6639	6225	6955	7707	8106	8276	9355
济南	6100	6664	6651	7013	7158	7527	8405	9712	12161	11947
青岛	6421	7166	7583	7987	7855	8437	8997	10052	12373	13674
郑州	4596	4692	5643	6587	6579	7223	8093	8323	8156	9332
武汉	5550	6676	6895	7238	7399	8404	9819	11453	12678	13834
长沙	4322	5481	5603	5759	5458	5544	6160	7287	7796	8227
广州	10615	10926	12001	13954	14739	14083	16346	17685	21582	24015
深圳	18954	21037	18996	23427	24040	33661	45498	48622	55441	55769
南宁	4942	4996	5619	6155	6103	6229	6767	7700	7697	8574
海口	8069	6641	6512	7342	7473	7636	8868	11694	12644	15562
重庆	4040	4492	4805	5239	5094	5012	5162	6605	8190	8657
成都	5827	6361	6678	6708	6536	6584	7377	8595	9783	11729
贵阳	4233	4588	4473	4488	4904	4967	5392	6552	8843	9799
昆明	3405	4550	5405	5615	6067	7178	6851	8197	11085	12123
西安	4341	5830	6224	6435	6105	6221	6385	8166	9985	11627
兰州	4065	4229	5421	5520	5860	6089	6162	7137	7232	7332
西宁	3196	3439	4304	4380	4807	4602	5007	5890	6733	8731
银川	3610	3980	4187	4524	4111	4498	4448	4892	5589	6440
乌鲁木齐	4265	4970	5255	5858	5758	6142	5829	6188	7757	8728
全国	4725	4993	5430	5850	5933	6473	7203	7614	8553	9287

资料来源：历年《中国统计年鉴》。

附表 3　　　2010～2019 年中国 35 个大中城市所在省的户均人口数　　单位：人／户

城市	所在省级行政区	2011 年	2012 年	2013 年	2014 年	2015 年	2016 年	2017 年	2018 年	2019 年
北京	北京	2.42	2.53	2.61	2.49	2.54	2.62	2.62	2.58	2.56
天津	天津	2.73	2.76	2.67	2.62	2.78	2.77	2.74	2.70	2.65
哈尔滨	黑龙江	2.81	2.77	2.74	2.67	2.79	2.75	2.61	2.59	2.47
长春	吉林	2.91	2.88	2.77	2.72	2.92	2.85	2.66	2.66	2.60
大连	辽宁	2.72	2.69	2.72	2.63	2.77	2.74	2.65	2.55	2.54
沈阳	辽宁	2.72	2.69	2.72	2.63	2.77	2.74	2.65	2.55	2.54
呼和浩特	内蒙古	2.73	2.78	2.74	2.68	2.73	2.73	2.67	2.62	2.58
太原	山西	3.22	3.06	3.01	3.06	3.08	3.11	2.97	2.99	2.95
石家庄	河北	3.33	3.26	3.17	3.20	3.24	3.26	3.21	3.12	3.10
上海	上海	2.33	2.35	2.35	2.34	2.46	2.47	2.49	2.43	2.38
南京	江苏	2.92	2.97	2.95	2.96	3.09	3.18	3.09	3.04	2.97
杭州	浙江	2.59	2.68	2.54	2.54	2.69	2.68	2.62	2.58	2.55
宁波	浙江	2.59	2.68	2.54	2.54	2.69	2.68	2.62	2.58	2.55
合肥	安徽	3.03	3.02	3.03	3.08	3.25	3.32	3.18	3.11	2.92
福州	福建	2.78	2.82	2.72	2.69	3.10	3.05	3.03	2.94	2.84
厦门	福建	2.78	2.82	2.72	2.69	3.10	3.05	3.03	2.94	2.84
南昌	江西	3.44	3.43	3.42	3.41	3.57	3.64	3.56	3.45	3.32
济南	山东	2.9	2.91	2.8	2.84	2.88	2.87	2.82	2.85	2.74
青岛	山东	2.9	2.91	2.8	2.84	2.88	2.87	2.82	2.85	2.74
郑州	河南	3.39	3.37	3.28	3.34	3.39	3.48	3.34	3.41	3.31
武汉	湖北	3.06	3.03	2.94	2.96	3.05	3.11	3.02	3.00	2.94
长沙	湖南	3.05	3.07	3.25	3.18	3.28	3.24	3.21	3.29	3.15
广州	广东	3.33	3.26	3.15	3.19	3.23	3.10	3.05	3.02	2.98
深圳	广东	3.33	3.26	3.15	3.19	3.23	3.10	3.05	3.02	2.98
南宁	广西	3.15	3.32	3.31	3.23	3.51	3.55	3.51	3.40	3.28
海口	海南	3.54	3.64	3.52	3.59	3.65	3.78	3.58	3.59	3.62

续表

城市	所在省级 行政区	2011 年	2012 年	2013 年	2014 年	2015 年	2016 年	2017 年	2018 年	2019 年
重庆	重庆	2.78	2.67	2.66	2.72	2.85	2.75	2.78	2.90	2.82
成都	四川	2.83	2.85	2.76	2.69	3.02	3.02	2.95	2.91	2.75
贵阳	贵州	3.11	3.1	3.07	3.09	3.38	3.33	3.40	3.26	3.17
昆明	云南	3.31	3.26	3.28	3.30	3.49	3.55	3.53	3.30	3.28
西安	陕西	3.16	3.07	3.05	3.07	3.14	3.23	3.09	2.98	2.98
兰州	甘肃	3.24	3.22	3.35	3.35	3.35	3.45	3.35	3.43	3.35
西宁	青海	3.49	3.4	3.37	3.19	3.46	3.36	3.36	3.25	3.10
银川	宁夏	3.3	3.35	3.2	3.20	3.21	3.17	3.11	3.17	3.07
乌鲁木齐	新疆	3.2	3.16	3.3	3.20	3.29	3.33	3.17	3.10	3.31
全国		3.02	3.02	2.98	2.97	3.10	3.11	3.03	3.00	2.92

资料来源：历年《中国统计年鉴》、各市《统计年鉴》。

附表 4　　　　　　**浙江省住房贡献度计算相关数据**

参数	2015 年	2016 年	2017 年	2018 年	2019 年
人年均可支配收入（元）	43714	47237	51261	55574	60182
人均月可支配收入（元）	3642.83	3936.42	4271.75	4631.17	5015.17
户年均可支配收入（元）	129830.58	140293.89	152245.17	163943.30	176935.08
户均月可支配收入（元）	10819.22	11691.58	12687.10	13661.94	14744.59
公积金缴存基数（元）	5131.00	5555.67	6110.50	6729.17	7406.92
公积金缴存比例（%）	16	16	16	16	16
住宅均价（元/平方米）	10754.82	11446.81	13429.91	15241.95	16303.31
年销售套均面积（平方米）	81.06	81.74	83.02	90.70	96.90
购房首付款比例（%）	30	30	30	30	30
公积金最高限额（万元）	40	40	40	40	50
公积金贷款年利率（%）	3.50	3.25	3.25	3.25	3.25
商业贷款年利率（%）	5.90	4.90	4.90	4.90	4.90

续表

参数	2015 年	2016 年	2017 年	2018 年	2019 年
家庭购房款总额（万元）	87. 18	93. 57	111. 50	138. 24	157. 98
公积金贷款月利率（%）	0. 29	0. 27	0. 27	0. 27	0. 27
商业贷款月利率（%）	0. 49	0. 41	0. 41	0. 41	0. 41
公积金贷款月还款额（元）	1796. 18	1740. 83	1740. 83	1740. 83	2176. 03
商业贷款月还款额（元）	2372. 55	2122. 91	2122. 91	2122. 91	2653. 63
公积金贷款利息额（万元）	24. 66	22. 67	22. 67	22. 67	28. 34
商业贷款利息额（万元）	45. 41	36. 42	36. 42	36. 42	45. 53

附表 5　　　　浙江省住房支付能力指数计算相关数据

参数	2015 年	2016 年	2017 年	2018 年	2019 年
住宅均价（元/平方米）	10754. 82	11446. 81	13429. 91	15241. 95	16303. 31
套均住宅总价（万元）	87. 18	93. 57	111. 50	138. 24	157. 98
人均月可支配收入（元）	3642. 83	3936. 42	4271. 75	4631. 17	5015. 17
户均人口（人）	2. 97	2. 97	2. 97	2. 95	2. 94
户均从业人口（人）	1. 31	1. 31	1. 31	1. 30	1. 30
户均月可支配收入（元）	10819. 22	11691. 58	12687. 10	13661. 94	14744. 59
购房首付款比例（%）	30	30	30	30	30
商业贷款年利率（%）	5. 90	4. 90	4. 90	4. 90	4. 90
商业贷款月利率（%）	0. 49	0. 41	0. 41	0. 41	0. 41
还款期限（年）	30	30	30	30	30
公积金缴存基数（元）	5131. 00	5555. 67	6110. 50	6729. 17	7406. 92
公积金缴存比例（%）	16	16	16	16	16
补充后个人可支配收入（元）	4463. 79	4825. 33	5249. 43	5707. 84	6200. 28
补充后户均可支配收入（元）	11894. 68	12856. 05	13967. 86	15061. 61	16285. 23

附表6　　　　　　　　江苏省住房贡献度计算相关数据

参数	2015 年	2016 年	2017 年	2018 年	2019 年
人年均可支配收入（元）	37173	40152	43622	47200	51056
人均月可支配收入（元）	3097.75	3346.00	3635.17	3933.33	4254.67
户年均可支配收入（元）	110775.54	119251.44	130866.00	141600.00	153168.00
户均月可支配收入（元）	9231.30	9937.62	10905.51	11799.99	12764.01
公积金缴存基数（元）	5148.58	5600.00	6057.00	6645.08	7215.83
公积金缴存比例（%）	16	16	16	16	16
住宅均价（元/平方米）	7356.02	8804.55	9194.85	10773.57	11636.52
年销售套均面积（平方米）	125.20	127.81	128.30	147.27	147.73
购房首付款比例（%）	30	30	30	30	30
公积金最高限额（万元）	30	30	40	40	50
公积金贷款年利率（%）	3.50	3.25	3.25	3.25	3.25
商业贷款年利率（%）	5.90	4.90	4.90	4.90	4.90
家庭购房款总额（万元）	92.10	112.53	117.97	158.66	171.91
公积金贷款月利率（%）	0.29	0.27	0.27	0.27	0.27
商业贷款月利率（%）	0.49	0.41	0.41	0.41	0.41
公积金贷款月还款额（元）	1347.13	1305.62	1740.83	1740.83	2176.03
商业贷款月还款额（元）	1779.41	1592.18	2122.91	2122.91	2653.63
公积金贷款利息额（万元）	18.50	17.00	22.67	22.67	28.34
商业贷款利息额（万元）	34.06	27.32	36.42	36.42	45.53

附表7　　　　　　　　江苏省住房支付能力指数计算相关数据

参数	2015 年	2016 年	2017 年	2018 年	2019 年
住宅均价（元/平方米）	7356.02	8804.55	9194.85	10773.57	11636.52
套均住宅总价（万元）	92.10	112.53	117.97	158.66	171.91
人均月可支配收入（元）	3097.75	3346.00	3635.17	3933.33	4254.67
户均人口（人）	2.98	2.97	3.00	3.00	3.00
户均从业人口（人）	1.65	1.66	1.70	1.60	1.60

续表

参数	2015 年	2016 年	2017 年	2018 年	2019 年
户均月可支配收入（元）	9231.30	9937.62	10905.51	11799.99	12764.01
购房首付款比例（%）	30	30	30	30	30
商业贷款年利率（%）	5.90	4.90	4.90	4.90	4.90
商业贷款月利率（%）	0.49	0.41	0.41	0.41	0.41
还款期限（年）	30	30	30	30	30
公积金缴存基数（元）	5148.58	5600.00	6057.00	6645.08	7215.83
公积金缴存比例（%）	16	16	16	16	16
补充后个人可支配收入（元）	3921.52	4242.00	4604.29	4996.54	5409.20
补充后户均可支配收入（元）	10590.53	11424.98	12553.01	13501.13	14611.26

附表 8　　　　　　　　　　**上海市住房贡献度计算相关数据**

参数	2015 年	2016 年	2017 年	2018 年	2019 年
人年均可支配收入（元）	49867	54305	58988	64183	69442
人均月可支配收入（元）	4155.58	4525.42	4915.67	5348.58	5786.83
户年均可支配收入（元）	130651.5	146080.5	158677.7	162383.0	177077.1
户均月可支配收入（元）	10887.63	12173.37	13223.14	13531.92	14756.43
公积金缴存基数（元）	5451.42	5939.00	6503.75	7131.83	8764.67
公积金缴存比例（%）	16	16	16	16	16
住宅均价（元/平方米）	21501.07	25909.94	24866.13	28981.17	32925.76
年销售套均面积（平方米）	87.27	92.61	87.16	88.49	83.75
购房首付款比例（%）	30	30	30	30	30
公积金最高限额（万元）	50	50	50	60	60
公积金贷款年利率（%）	3.50	3.25	3.25	3.25	3.25
商业贷款年利率（%）	5.90	4.90	4.90	4.90	4.90
家庭购房款总额（万元）	187.64	239.95	216.73	256.45	275.75
公积金贷款月利率（%）	0.29	0.27	0.27	0.27	0.27
商业贷款月利率（%）	0.49	0.41	0.41	0.41	0.41

参数	2015 年	2016 年	2017 年	2018 年	2019 年
公积金贷款月还款额（元）	2245.22	2176.03	2176.03	2611.24	2611.24
商业贷款月还款额（元）	2965.68	2653.63	2653.63	3184.36	3184.36
公积金贷款利息额（万元）	30.83	28.34	28.34	34.00	34.00
商业贷款利息额（万元）	56.76	45.53	45.53	54.64	54.64

附表 9　　　　　上海市住房支付能力指数计算相关数据

参数	2015 年	2016 年	2017 年	2018 年	2019 年
住宅均价（元/平方米）	21501.07	25909.94	24866.13	28981.17	32925.76
套均住宅总价（万元）	187.64	239.95	216.73	256.45	275.75
人均月可支配收入（元）	4155.58	4525.42	4915.67	5348.58	5786.83
户均人口（人）	2.62	2.69	2.69	2.53	2.55
户均从业人口（人）	1.29	1.28	1.25	1.19	1.19
户均月可支配收入（元）	10887.63	12173.37	13223.14	13531.92	14756.43
购房首付款比例（%）	30	30	30	30	30
商业贷款年利率（%）	5.90	4.90	4.90	4.90	4.90
商业贷款月利率（%）	0.49	0.41	0.41	0.41	0.41
还款期限（年）	30	30	30	30	30
公积金缴存基数（元）	5451.42	5939.00	6503.75	7131.83	8764.67
公积金缴存比例（%）	16	16	16	16	16
补充后个人可支配收入（元）	5027.81	5475.66	5956.27	6489.67	7189.18
补充后户均可支配收入（元）	12012.80	13389.68	14523.89	14889.82	16425.22

参 考 文 献

［1］艾小青，昌佳琦，李国正．流动人口定居意愿、收入差异与家庭消费水平研究［J］．华东经济管理，2020，34（1）：94－100．

［2］陈济冬，徐慧．地方政府政策回应能否提高流动人口定居意愿［J］．公共行政评论，2020，13（5）：181－203，210．

［3］陈佳川，魏杨，许婉婷．幸福度感知、生活水平位置感知与流动人口的留城定居意愿［J］．社会科学，2019（11）：88－99．

［4］陈杰，郭晓欣，钟世虎．户籍歧视对农村流动人口城市定居意愿的影响研究［J］．社会科学战线，2021（2）：89－96．

［5］陈杰，朱旭丰．住房负担能力测度方法研究综述［J］．城市问题，2010（2）．

［6］陈欣彦，王培龙，董纪昌，等．房价收入比对居民租购选择的影响研究［J］．管理评论，2020，32（11）：66－80．

［7］邓宏乾，张雪．人口结构对住房价格的影响——基于抚养负担与流动人口两个维度［J］．江汉论坛，2021（2）：12－20．

［8］董昕，张朝辉，周卫华．为什么收缩城市的流动人口定居意愿更强？［J］．中国人口·资源与环境，2021，31（3）：43－51．

［9］董昕，周卫华．住房市场与农民工住房选择的区域差异［J］．经济地理，2014，34（12）：140－146．

［10］杜平，麻宝斌．中国城镇居民住房政策偏好的影响因素分析［J］．经济与管理研究，2018，39（6）：88－99．

［11］段黎．我国现行住房公积金制度存在的问题及对策分析［J］．中国产经，2020（6）：151－152．

［12］高帅，史婵．代际差异视角下流动人口长期迁移意愿研究［J］．财经科学，2019（3）：39－51．

［13］葛腾飞．房地产市场货币政策效应的实证分析［J］．金融理论与教

学，2014（1）：25 –27.

[14] 葛腾飞. 基于 DEA 方法的住房公积金运行效率研究 [J]. 长春理工大学学报（社会科学版），2020，33（3）：83 –90.

[15] 葛腾飞. 流动人口流入地购房意愿及其影响因素研究——基于全国流动人口动态监测调查数据 [J]. 价格理论与实践，2021（10）：71 –74.

[16] 葛腾飞，吴义东，柯凯佳. 安徽新市民住有所居的实现路径研究 [J]. 宿州学院学报，2020，35（6）：76 –79.

[17] 古恒宇，孟鑫，沈体雁，等. 中国城市流动人口居留意愿影响因素的空间分异特征 [J]. 地理学报，2020，75（2）：240 –254.

[18] 郭金金，夏同水. 租购并举制度下中低收入群体住房租购选择的影响因素研究 [J]. 财经理论与实践，2020，41（2）：84 –91.

[19] 郭玉坤. 澳大利亚住房负担能力评析 [J]. 城市问题，2011（12）.

[20] 杭斌. 住房需求与城镇居民消费 [J]. 统计研究，2014，31（9）：31 –36.

[21] 何炜. 教育差异、公共服务提供与劳动力定居意愿 [J]. 经济科学，2020（4）：84 –96.

[22] 洪维维，卢海阳. 社会资本对农民工城市定居意愿的影响研究 [J]. 石家庄铁道大学学报（社会科学版），2019，13（4）：74 –80，86.

[23] 胡荣，龚灿林. 房产、相对剥夺感与主观阶层认同感 [J]. 吉林大学学报，2021，61（1）：128 –137，238.

[24] 胡映洁，安頔. 住房负担降低了超大城市流动人口的定居意愿吗？——以上海为例 [J]. 上海经济，2019（2）：43 –55.

[25] 黄敦平，何慧. 流动人口城市居留意愿的微观决策分析——基于 CMDS 2016 数据的实证研究 [J]. 东北农业大学学报（社会科学版），2020，18（6）：1 –8.

[26] 黄玉屏，张曼. 居民家庭收入、住房租购与住房消费选择研究 [J]. 湘潭大学学报（哲学社会科学版），2018，42（2）：94 –98.

[27] 况大伟，赵大旋，余华义，等. 中国住房可支付指数研究报告 2020 [R]. 中国人民大学国家发展与战略研究院房地产市场研究中心，2020.

[28] 李海波，尹华北. 住房消费对农民工城市融入的影响及其差异研究——基于 CGSS2013 数据分析 [J]. 消费经济，2018，34（3）：49 –53，87.

[29] 李君甫，孙嫣源. 住房公积金制度对流动人口购房的影响 [J]. 公

共行政评论，2018，11（2）：62－72，190－191.

［30］李伟军，吴义东. 住房公积金、金融知识与新市民住房租购决策——基于 CHFS 的证据［J］. 中南财经政法大学学报，2019（4）：139－148.

［31］李艳，齐亚. 相对收入水平对流动人口定居意愿的影响——基于家庭化迁移样本的分析［J］. 西北人口，2022，43（2）：54－63.

［32］李勇辉，沈波澜，李小琴. 未能安居，焉能育儿？——住房对育龄人群生育意愿的影响研究［J］. 中国经济问题，2021（2）：68－81.

［33］梁土坤. 城市适应：流动人口生育意愿的影响因素及其政策涵义［J］. 大连理工大学学报（社会科学版），2018，39（6）：82－90.

［34］梁土坤. 流动人口定居意愿影响因素分析［J］. 人口与社会，2016，32（2）：63－74.

［35］林李月，朱宇，梁鹏飞，等. 基于六普数据的中国流动人口住房状况的空间格局［J］. 地理研究，2014，33（5）：887－898.

［36］林李月，朱宇，林坤，等. 两栖生计下中国流动人口城镇购房意愿的空间特征和影响因素［J］. 地理学报，2021，76（6）：1350－1365.

［37］刘洪玉. 住房价格与政府调控［J］. 建筑经济，2005（6）.

［38］刘金凤，魏后凯. 城市高房价如何影响农民工的定居意愿［J］. 财贸经济，2021，42（2）：134－148.

［39］刘莹. 新生代农民工城市定居意愿影响因素研究［J］. 市场周刊，2021，34（2）：122－123，146.

［40］龙奋杰，向肃一. 中国城市居民住房支付能力研究［J］. 城市发展研究，2007（2）.

［41］娄文龙，马可馨. 住房特征对我国流动人口定居意愿影响的 Meta 分析［J］. 人口与社会，2021，37（6）：95－106.

［42］卢新海，周倩，万凯. 城镇居民住房消费影响因素分析——以武汉市为例［J］. 中国房地产，2013（4）：52－59.

［43］吕碧君. 祖父母支持对城镇妇女二孩生育意愿的影响［J］. 城市问题，2018（2）：50－57.

［44］孟凡强，上官茹霜，林浩. 中国流动人口的住房消费及其不平等——基于农民工和城城流动人口的群体差异分析［J］. 消费经济，2020，36（6）：25－33.

［45］倪雅楠. 住房公积金对住房消费及经济的影响分析［J］. 中国市场，

2020（22）：13，18.

［46］聂晨，方伟.住房自有会撕裂青年群体吗——青年住房自有与阶层认同的研究［J］.中国青年研究，2017（8）：64-70.

［47］乔贝，吴义东，王先柱.住房公积金对潜在住房消费的区域差异性影响［J］.安徽工业大学学报（自然科学版），2019，36（1）：88-96.

［48］宋艳姣.城市外来流动人口购房意愿及其影响因素研究——以城市规模的异质性为视角［J］.华东师范大学学报，2016，48（6）：157-163，169.

［49］唐重振，何雅菲.住房负担与生育意愿：正向激励还是资源挤出［J］.广西师范大学学报（哲学社会科学版），2018，54（4）：61-67.

［50］汪润泉，刘一伟.住房公积金能留住进城流动人口吗？——基于户籍差异视角的比较分析［J］.人口与经济，2017（1）：22-34.

［51］汪廷美.区际收入差异对我国居民消费结构的影响［J］.商业经济研究，2020（22）：43-46.

［52］王良健，陈坤秋，王奔.流动人口城市定居意愿及其影响因素研究——基于湖南省流动人口动态监测数据［J］.调研世界，2016（7）：21-26.

［53］王敏.住房、阶层与幸福感——住房社会效应研究［J］.华中科技大学学报（社会科学版），2019，33（4）：58-69.

［54］王齐鹏，王先柱.公积金对住房消费和投资的影响研究［J］.南方金融，2017（12）：9-18.

［55］王先柱，葛腾飞."互助"还是"攫取"？——基于住房公积金提取的视角［J］.中共南京市委党校学报，2019（3）：75-83.

［56］王先柱.建立公开规范的住房公积金制度研究［M］.北京：经济科学出版社，2020：158.

［57］王先柱，年崇文.住房公积金制度的演进、特征与改革取向——基于政策文本的量化分析［J］.河海大学学报（哲学社会科学版），2018，20（6）：33-41，91.

［58］王先柱，王敏，吴义东.住房公积金支持农民工住房消费的区域差异性研究［J］.华东师范大学学报（哲学社会科学版），2018，50（2）：148-158，173.

［59］王振坡，郗曼，王丽艳.住房消费需求、投资需求与租买选择差异研究［J］.上海经济研究，2017（8）：10-20.

［60］王子成，郭沐蓉. 住房实现模式对流动人口市民化的影响效应分析：城市融入视角［J］. 经济社会体制比较，2020（2）：109－119.

［61］魏万青，高伟. 经济发展特征、住房不平等与生活机会［J］. 社会学研究，2020，35（4）：81－103，243.

［62］吴翔华，徐培，陈宇嵚. 外来务工人员住房租购选择的实证分析［J］. 统计与决策，2018，34（14）：99－102.

［63］吴义东，王先柱. 青年群体住房租买选择及其购房压力研究［J］. 调研世界，2018（4）：13－21.

［64］肖威，张舒静. 住房负债抑制家庭消费升级了吗？——基于 CHFS 数据的实证研究［J］. 武汉科技大学学报（社会科学版），2021，23（4）：430－437.

［65］谢建社，朱小练. 农民工融入城市的社会心态分析与对策研究——基于冰山理论视角［J］. 社会工作与管理，2020，20（6）：70－77.

［66］谢霄亭，马子红. 城镇居民的住房消费和阶层认同——基于 CGSS 2013 数据的实证分析［J］. 云南民族大学学报（自然科学版），2017，26（2）：167－173.

［67］徐维军，王贵军，陈晓丽. 关于"租购并举"现代住房制度的思考［J］. 建筑经济，2020，41（8）：14－20.

［68］杨成凤，柏广言，韩会然. 流动人口的城市定居意愿及影响因素——以安徽省为例［J］. 世界地理研究，2020，29（6）：1136－1147.

［69］杨巧，杨扬长. 租房还是买房——什么影响了流动人口住房选择？［J］. 人口与经济，2018（6）：101－111.

［70］叶中华，孔静芬. 提高东北三省居民住房消费能力的对策研究［J］. 经济纵横，2010（12）：42－45.

［71］于潇，徐英东. 流入城市对流动人口居留意愿的影响——基于家庭生命周期理论的分解［J］. 人口研究，2021，45（1）：50－67.

［72］虞晓芬，徐筱瑜. 中国城镇家庭住房质量时空差异分析［J］. 城市问题，2018（6）：29－35，42.

［73］张传勇，罗峰，黄芝兰. 住房属性嬗变与城市居民阶层认同——基于消费分层的研究视域［J］. 社会学研究，2020，35（4）：104－127，243－244.

［74］张浩，陈立文. 房价、收入与住房负担能力关系实证研究［J］. 价格月刊，2019（3）：25－31.

［75］张可可，谢宇婷．就业质量、住房负担与高学历流动人口居留意愿［J］．调研世界，2020（12）：38－47．

［76］张启春，冀红梅．农业转移人口城市定居意愿实证研究与市民化推进策略［J］．华中师范大学学报，2017，56（4）：48－57．

［77］张勇，包婷婷．城镇化进程中农民进城定居意愿影响因素的实证分析［J］．干旱区资源与环境，2019，33（10）：14－19．

［78］张宇艳，赵艳霞．新生代农民工城市融入困境及解决路径研究［J］．农村经济与科技，2019，30（22）：186－187．

［79］张在冉，杨俊青．居住条件、子女就学与农民工城市定居意愿——基于2017年流动人口动态监测数据的实证分析［J］．现代财经（天津财经大学学报），2020，40（3）：84－98．

［80］赵奉军．中等发达国家远景目标与住房消费［J］．中国房地产，2020（31）：22－23．

［81］赵卫华，冯建斌，张林江．"单位嵌入型"住房公积金制度对农民工的影响分析［J］．中共中央党校（国家行政学院）学报，2019，23（2）：128－135．

［82］赵晔琴，梁翠玲．融入与区隔：农民工的住房消费与阶层认同——基于CGSS 2010的数据分析［J］．人口与发展，2014，20（2）：23－32．

［83］周毕文，韩苏．房价收入比的应用研究［J］．价格理论与实践，2008（10）．

［84］周芳名．新生代农村流动人口城市融合影响因素分析［J］．农业经济，2020（11）：67－69．

［85］周荔薇．我国城镇居民的住房负担能力研究［D］．武汉：华中师范大学，2013．

［86］朱竑，张博，马凌．新型城镇化背景下中国流动人口研究：议题与展望［J］．地理科学，2019，39（1）：1－11．

［87］朱琳琳，李秀婷，董纪昌．人口老龄化背景下住房需求影响因素研究——基于人口结构、房价等因素的分析［J］．价格理论与实践，2019（6）：95－98．

［88］朱若然，周长庆，陈贵富．中国城镇居民医疗保险选择行为影响因素分析——基于二元单位概率模型的视角［J］．宏观经济研究，2018（5）：126－138．

［89］朱啸艳. 城市住房负担能力的时空演变特征分析——基于35个大中城市的实证［J］. 市场周刊, 2020（1）.

［90］朱宇, 林李月. 流动人口在城镇的居留意愿及其决定因素——文献综述及其启示［J］. 人口与经济, 2019（2）: 17 - 27.

［91］踪程. 保障性住房居民福利认同影响因素研究［J］. 经济问题, 2020（1）: 112 - 122.

［92］Andreas Ette, Barbara H., Lenore Sauer. Tackling Germany's Demographic Skills Shortage: Permanent Settlement Intentions of the Recent Wave of Labour Migrants from Non - European Countries［J］. International Migration and Integration, 2016, 17（2）: 429 - 448.

［93］Adegun O. B., Joseph A., Adebusuyi A. M. Housing affordability among low-income earners in Akure, Nigeria［J］. IOP Conference Series: Materials Science and Engineering, 2019: 640.

［94］Anacker, Li. Analyzing housing affordability of U. S. renters during the Great Recession, 2007 to 2009［J］. Housing and Society, 2016, 43（1）: 1 - 17.

［95］Bithymitris Giorgos, Anthias F., Ballibar E., Leslie Esther, Iphofen R., Theodoratou S. The（Im）possibility of Class Identity: Reflections on a Case of Failed Right-Wing Hegemony［J］. Critical Sociology, 2021.

［96］Bei Ye. Reform of Compulsory Education System and Urban Integration of Floating Population［J］. World Scientific Research Journal, 2021, 7（4）.

［97］Coskun Esra Alp, Apergis Nicholas, Coskun Yener. Threshold effects of housing affordability and financial development on the house price-consumption nexus［J］. International Journal of Finance & Economics, 2020, 27（2）: 1785 - 1806.

［98］Ezennia Ikenna Stephen, Hoskara Sebnem Onal. Applications of Housing Affordability Measurement Approaches Used in Planning Affordable Housing: A Systematic Review［J］. Journal of Building Construction and Planning Research, 2022, 10（1）: 1 - 36.

［99］Fernando Ferreira, Joseph Gyourko, Joseph Tracy. Housing busts and household mobility［J］. Journal of Urban Economics, 2009, 68（1）.

［100］Josep Raya and Jaume Garcia. Which Are the Real Determinants of Tenure? A Comparative Analysis of Different Models of the Tenure Choice of a House［J］. Urban Studies, 2012, 49（16）: 3645 - 3662.

［101］ Kosareva Nadezhda, Polidi Tatiana. Housing Affordability in Russia ［J］. Housing Policy Debate, 2021, 31 (2): 214 – 238.

［102］ Leviten Reid Catherine, Matthew Rebecca, Wardley Leslie. Sense of community belonging: exploring the impact of housing quality, affordability, and safety among renter households ［J］. Journal of Community Practice, 2020, 28 (1): 18 – 35.

［103］ Lau Mandy. Community-based housing solutions in Hong Kong: how and why have they emerged? ［J］. International Journal of Housing Policy, 2020, 20 (2): 290 – 301.

［104］ Longmei Sun. Impact of promoting employment quality on new generation migrant workers' settlement intention a study based on genderperspective ［J］. E3S Web of Conferences, 2021: 235.

［105］ Moruf Alabi. Assessment of the operations of Nigeria National Housing Fund ［J］. African Journal for the Psychological Study of Social Issues, 2018, 20 (3).

［106］ Michael E. Stone. "book-review" Shelter Poverty: New Ideas on Housing Affordability ［J］. Political Science Quarterly, 1994, 109 (2): 379 – 381.

［107］ Odeyemi Ebunoluwa, Skobba Kim. Housing Affordability Among Rural and Urban Female-Headed Householders in the United States ［J］. Journal of Family and Economic Issues, 2021.

［108］ Oluku Uche, Cheng Shaoming. A Regional Analysis of the Relationship Between Housing Affordability and Business Growth ［J］. Economic Development Quarterly, 2021, 35 (4): 269 – 286.

［109］ Peter Linnemanand, Megbolugbe Susan M. Do Borrowing Constraints Chang U. S. Homeownership Rates? ［J］. Journal of Housing and Economic, 1997, 6 (4).

［110］ Prashant Das and N. Edward Coulson and Alan Ziobrowski. Caste, Faith, Gender: Determinants of Homeownership in UrbanIndia ［J］. The Journal of Real Estate Finance and Economics, 2019, 59 (1): 27 – 55.

［111］ Rappaport J. Whyare Population Flows so Persistent? ［J］. Journal of Urban Economics, 2004, 56 (3): 554 – 580.

[112] Rijt AVD. Selection and Influence in the Assimilation Process of Immigrants [J]. Advances in Group Processes, 2013, 30 (30): 1 –35.

[113] Sadia Islam. Towards Sustainable Development: Role of the Housing Fund Program for the Poor in Bangladesh [J]. Economics, 2020, 9 (3).

[114] Stranges Manuela, Vignoli Daniele, Venturini Alessandra. Migrants' subjective well-being in Europe: does relative income matter? [J]. European Societies, 2021, 23 (2).

[115] Tsai I-Chun. Relationships among regional housing markets: Evidence on adjustments of housingburden [J]. Economic Modelling, 2019, 78.

[116] Viktor Alexander Czaika. Moderne Therapiekonzepte beim metastasierten Melanom [J]. Tumor Diagnostik & Therapie, 2020, 41 (7).

[117] Williams Brittany M. , Williams Qua' Aisa, Smith Carlton. How social class identity influences students' leadership and advocacy development [J]. New Directions for Student Leadership, 2021.

[118] Yinan Sheng, Shenghui Yang. Economic development level and urban settlement intentions of the new-generation migrants in China: direct or interaction effect [J]. China Population and Development Studies, 2020, 3 (3).

[119] Zermina Tasleem, Mohd Na'eim Ajis, Nor Azizah Zainal Abidin. Examining the Housing Experiences in Malaysia: a Qualitative Research on Pakistani Immigrant Labours [J]. Journal of International Migration and Integration, 2020, 21 (1) : 241 –251.